JN025938

多様性と持続可能性の視点で考える中小企業論

安藤 信雄 著

同友館

はじめに

本書は主に経済学と経営学で示されてきた基本エッセンスを活用して中小企業を分析してみようという試みです。

経済学はアダム・スミスの国富論発刊から約300年の歴史を持つに至ります。その後，アロー，マーシャルを起点に発達してきた経済学は，物理学の応用から統計学を加味して精密機械の如き理論を形成してきました。ただ，近代経済学が持つ完全合理的人間仮説が，現実の人間と乖離するに従って，企業の経営現場では近代経済学が現実と乖離していると感じられるようになってきています。

また経営学は，米国アカデミー協会が生産力増進の科学的根拠を探るべく行ったホーソン実験で人間性の発見を指摘し，その後，経済学の物理学的方法論から独立した経営学独自の集団的人間の心理的作用と生産工程での技術変革の作用等における研究の発展が見られます。

近代経済学の完全合理的人間モデルに対してサイモンの経営人モデルは人間の不完全性を考慮した限定合理性を分析の基礎として，後の経営学に大きな影響を与えました。サイモンが指摘していますが，不完全とは完全があっての不完全なのであり，完全合理性による物理現象としての経営分析を否定するものではありません。

本書では企業内で働く人々の労働能力を「生産要素」と表現しているが，これが人間を物財のようにとらえているのではないかという誤解を与えてしまうだろうと思いつつ，あえて科学的客観的な視点を保ちたいという思いから完全合理性による物理的現象としてとらえました。それはその後の分析に進むための土台づくりだと考えたからです。

近代経済学の基礎の上に，生産性の増進を図ろうとする試行錯誤の試みは，近代経済学の法則によって説明されると言えるからです。しかし，近代経済学の土台の上に人間の不完全性や創造的活動，さらには自然環境との調和をどのように理論体系として構築するかという点は未だ未知の領域です。

今日まで様々な分野からこの未知の領域を解明しようとする試みがなされています。それらの中で本書の特徴は，生物多様性と持続可能性の視点からその未知の領域を解明しようとするものです。

2021年1月吉日

安藤 信雄

【目次】

序章　本書の中小企業論の特徴

中小企業の研究は，あなたにとってどのように役に立つのだろうか。もし中小企業の経営者であるなら，「明日のわが社の経営をどうすべきか」を思案するために役立つだろう。そこで働いている人であれば，「生活の糧であるこの会社について理解すること」に役立つはずだ。もし学生であるなら「就職先を考えるにあたって中小企業とは何であるか」を知っておくことは有意義だと言える。

その誰に対しても共通して役立つ視点として，本書は中小企業を通して社会全体の経済構造を理解しようと試みるものである。それは中小企業研究が，経営学や経済学へ新しい視点を提供したいという大それた目論見も含まれている。しかし筆者の力不足ゆえに，その目的達成のほんの入り口に立てているかどうかという段階と言わざるを得ない。ただ何事にもまず目指すことが大切である。

従来の中小企業研究は，大企業の存在を前提とした中小企業論であった。清成忠男『中小企業読本［第3版］』によると「中小企業の概念は，相対的である。すなわち大企業との相対関係において「中小」規模が問題にされる。大企業が存在するからこそ「中小」企業が意識されるのである」としている。またこれは時代的にも産業的にもその定義は変化しており，ある時代のある産業で大規模とみなされても，同じ規模でも時代や産業が変わると中小規模とみなされているので，絶対的な概念として中小企業が存在するわけではない。ではなぜ中小企業を相対的にでも定義する必要があり，研究する必要があるのであろうか。

それは経済学的問題というよりも，むしろ政治的な問題にある。単純化すれば，中小企業を生活の基盤とする国民が7割以上いるという現状から，政治家にとっては票田として，また失業率の上昇を抑え込む政策を考える上で中小企業を層として切り出し分析する必要があるからである。いわゆる弱者救済や独占の弊害を排除する市場秩序の保持のためであるという点が強い。例えば経済理論では市場独占は参入障壁によって価格競争が働かず経済効率が低下し社会的厚生（生産者余剰と消費者余剰）を最大化できないために社会的損失が発生するという理論があり，そのために大企業の独占を排除することとセットで中小企業による自由競争が経済効率性を高めるとみなされている。

だが，実は産業組織論における実証分析の結果では市場独占であっても参入障壁による競争の排除はほとんどみられない。新しい技術や製品によって他社が独占市場へ参入する機会は多い。むしろ独占よりも政府の規制の方が新技術による市場参入を阻害し，経済の発展を阻害するという（泉田・柳川 2008, p.91）。これは大規模企業による規制を利用した既得権を排除することで，中小企業にも可能性が与えられることを示している。郵便局に対する宅配便の発達やコンピュータ産業でのIBMに対するアップルやマイクロソフトの登場などはよい例である。

本書の特徴は，大企業に対する弱者の救済としての中小企業論ではない。1900年代の大工場による大量生産とそこで働く肉体労働者（ブルーワーカー）の時代から，21世紀の知識基盤社会への経済構造の転換がもたらす経済の仕組みの変化のなかで，中小企業の役割を新しくとらえ直すための中小企業論である。その変化は人類社会がその存続のために変化させざるを得ない経済システムや経済構造の変化の在り方であって，その変化を中小企業の多様性と持続可能性について焦点を当て検討していくというものである。

中小企業に関する出版物が数多ある中で，あえて本書を執筆したのは，企業の多様性と持続可能性の視点から中小企業を分析しようとの試みであり，経済の仕組みだけでなく多様性を包摂でき，変化に対応できる社会や個人の在り方が今後益々問われてくるであろうから，その在り方に応えられる中小企業論が必要となると考えるからである。

中小企業研究の重要性とは，社会に関係する非常に多様な業種や企業が様々なつながり方を持って存続し，経済社会を成立させているということであり，多産多死といわれている中小企業は，同時に社会経済の新陳代謝の根本でもある。自然淘汰によって存続できない企業および事業が円滑に廃業できる環境，新たなアイデアと活力に満ちた企業あるいは個人がスムーズに創業を果たせる社会は，経済を持続的に成長させるために重要だからである。

経済学についてはアダム・スミスの国富論出版から300年がたち，経営学についてはテイラーの科学的管理法の提唱から100年がたった。これらの研究の中で共通していることは生産性と効率性の増進である。それは人類の生存可能性の基礎が「規模の経済」「範囲の経済」を基本として，生産性の向上から得られる物質・サービス量の拡大に求められている時代であったからだ。しかし昨今はどうもこのパラダイムの転換が必要とされているというのが筆者の感覚である。

量的拡大は時として環境のバランスを変化させる。環境の維持にせよ変化にせよ，その環境への適応能力が人類存続にとって必要なもう一つの能力として認識されるようになってきた。生産性の向上と持続可能性という二つの方向性は，資源の量的消費の拡大と有限資源の保存という相矛盾する課題の解決を突き付けられているといえるだろう。この課題をとくカギが「多様性」であると考える。つまり多様な種類の技術や生産様式，財やサービスが，ある条件である部分では量的拡大を必要とし，また同時にその条件が別の部分では持続可能性を必要とする。

なぜならば，環境の変化が激しい時代には量的拡大では環境に適応できないからだ。「規模の経済」にはじまり「範囲の経済」へと到達した生産様式は「多様な種類の経済」(1) を新たな経済様式として必要とするのだと考える。本書はこのような視点で，中小企業を論じながら経済社会の在り方をあらためて考えようという試みである。

だが単に環境変化の適合を唱えても現実的には，廃業（転業），創業に伴う失業，人員整理，人事制度や労働能力のミスマッチ，人材不足など様々な課題に直面する。したがって，これらの課題を，どのように乗り越えていくかが中小企業論として重要となり個々人の主体性も問題ともなる。日本では中小企業は企業数で99.7%を占め，日本の雇用者数の7割弱が従事しているという点でも，経済全体に及ぼす影響は決定的であろう。中小企業研究は社会全体の在り方を考える上での重要な視点を含めなければならないのである。

中小企業という概念に関して先行研究が示してきたことは，佐竹によると企業群の内実は極めて多種多様であり，「異質多様性（heterogeneity）」である（佐竹 2008, p.1）。この異質多様性が共存することになった経済構造を理解することは，個別企業が存続している経済環境を理解する上で役立つはずである。

かつてマーシャルが指摘したように全体の構造を理解する上で，経済社会を森に例えていえば，大企業は大樹となるであろうし，中小企業は小木であり草花と言えるであろう。「木を見て森を見ず」ことが現実の理解を妨げるのであるなら，大樹も草花も，その生育している生態系の形成に欠くことはできない有機的に結合した一部として見る必要がある。大樹だけで森は形成できないだけでなく，大樹自身では存在できない。水，土，日光も含めた環境全体のなかで形成された生態系システムの中での最適バランスによって森の持続可能性はつくられている。これと同様に，大小様々な企業が有機的に作りあげている経済構造を理解する上で，その99.7%を理解することは全体を理解することでもある。

さらに中小企業研究の重要な点として挙げておきたいのは，経済環境の変化とともに企業も変化し続けるという点だ。企業を生き物に例えて考えてみよう。生物学者の五箇公一によると「生物の進化の背景には短期的・瞬間的な適応力の最大化という自然選択だけでなく，持続性という長期的な適応力も重要な要素として存在する」（五箇 2020, p.53）という。生物は遺伝子変異により変化を続け適応力の弱い変異は自然淘汰されて消滅する。だが，適応力は弱いけれど自然界の微妙なバランスの中で少数派として残る変異が生態系全体での持続性の力を作りだす。変異には「箸にも棒にもかからない変異が自然界ではぶらぶらとほっつき歩くこともある」が「自然界には様々な遺伝子の変異が蓄積され，いろいろな遺伝子からいろいろな種が生み出され，とてつもなく多くの種が豊かな生態系を作り，この地球には生物が織りなす多様な世界が展開されるように」なった。これが「生物多様性」である。「遺伝子，種，そして生態系というそれぞれのレベルでの多様性は過去から現在までの進化の賜物であるとともに，生物たちの未来に対する「備え」=「希望」でもある」と五箇は指摘している。

46億年前に，地球が誕生し，有機体（生物）が出現したのが38億年前といわれる。生物が変異と高度化を繰り返し，地球環境の大変動で多数派が絶滅しつつも，耐性を持った当時の変異の少数派が持続性をつなぎとめてきたのである。「多様性」とは「変化」への耐性であり，持続可能性を担保しているのである。

中小企業研究に話を戻すと，1980年代以降，先進諸国において中小企業こそが経済活力の源泉であるという見解が一般化しつつある（清成 1997, p.1）。だがあえてそのような報告が出されるのは，今までの支配的な考えとして，国家社会の経済的発展は大企業を中心としてなされてきたという量的拡大の視点であったことを暗示していたといえよう。

事実，それ以前の日本における中小企業研究は，中小企業を経済弱者とみなし，その救済や転換の行政的対応を主としてきた。戦後の日本経済の近代化にとって進んだ大企業に対し遅れた中小企業をどう扱うかという視点が主であった。一方欧米での中小企業論は，企業規模・企業間競争・企業間関係の視点から中小企業を研究する傾向が主であり，大企業の独占・寡占体制に対する経済合理性との関係で中小企業の存立が研究される傾向が中心であった（佐竹 2008, p.34）。

これまでの主張に対し本書が批判的に扱うのは，生産性を否定するからではない。むしろ企業活動は生産性を追求し量的拡大を目指そうとする傾向を持つものとして分析している。その点では近代経済学の方法論を中心に据えている。だが，経済学も経営学も同様に生産は消費によって吸収されるという暗黙の考えに従っている。生産活動は，生産要素の消費活動であり，その供給産出財は需要である消費者によって「消費」されるとされ，そこが近代経済学では終着駅とされてきた。が，しかし，実際には「消費」は消滅するのではなく人間を生産すると考える必要がある。この点は近代経済学や経営学にはほとんどみられない。人間は労働能力として再生産され，生産要素となって次の生産へ投入される。企業活動の中での生産は労働力の消費であり，かつ需要による消費は労働力の生産となる。生産と消費のこの循環のなかで経済活動が持続可能となっていなければ，その経済システムは行き詰る。

よって大企業によって大量生産される財もまた，大量の消費者を必要とすると同時に，大量の消費者が自らの労働能力を大量生産された財を消費することによって次の生産へと結びついて行く。この時，プロダクト・ライフサイクル論が示すように，新しい製品とイノベーションを生み出すのは，労働能力なのでありそれは消費者が生産しているのである。またその新しい労働能力がつくり出す価値を，供給者である企業は消費することを求められる。このようにして多様な技術革新の芽は，多様な消費活動や生活様式によって実現され，その中から生まれるケイパビリティがイノベーションにとって必要となるといえよう。

以上の研究の進め方では，中小企業を記述的に捉えるだけでなく，その本質を近代経済学と経営学の蓄積してきた理論をもって科学的に分析しようとすることが必要となる。

まずは日本も含めた先進国といわれる主要国での企業規模とその割合について分析を進めるが，それは実態として現れた現象を見て「何故こうなっているのか」を探求し，その本質を探るためである。経済成長，所得格差，少子高齢化などの様々な問題があるが，それらの現象を生み出している本質を帰納的に探り出すことで，個別事象に対する演繹的な解決策を議論することに貢献できる。

ここでは中小企業の「なぜ」を探求することから，その背景となる原理を提示することを試み，今後の社会の在り方を考える上での材料を提供したい。

とりわけ日本において企業数で全体の99.7％，従業員数で68.8％を占める中小企業の活動は，その量と質ともに見て，日本の社会経済全体へ与える影響は決定的に大きい。中小企業の存続を抜きにして現代の経済社会は決して解明できないであろう。

以上に基づき，第1章から第9章までは日本の各時代での経済構造の変化を背景に，中小企業研究の変遷を考察する。「第1章 中小企業の現状」では，データに基づく日本と世界の中小企業の現状を考察する。「第2章 中小企業の存在理由（生産費用編）」では，生産コストからみた中小企業の存立条件を考察する。「第3章 大企業の登場と中小企業の存在理由（取引費用編）」では，大企業の成立条件を考察する。「第4章 日本における中小企業の歴史」からは，明治以降の日本における企業の生成を概観する。「第5章 二重構造論とその背景」では第二次大戦以前から戦後にかけてに二重構造問題といわれる議論について解説する。「第6章 日本における産業構造の変化と中小企業」では高度経済成長の成立と大企業型大量生産の限界について考察する。「第7章 産業集積と中小企業」では，大量生産型にかわる中小企業の集積モデルの研究について考察する。「第8章 産業クラスターによるイノベーションの創出」では，集積モデルから複合的産業クラスターによるイノベーション政策について考察する。「第9章 日本の大企業内アントレプレナー育成の不調と地域への期待」では，大企業によるイノベーションの問題点を考察する。

第10章から第13章は，地域や産業構造による新たな中小企業観の理論研究を考察する。「第10章 アントレプレナーを育てる地域の研究」では，地域によるイノベーションに関する理論研究を考察する。「第11章 産業構造と中小企業」では，製品構造からみた産業構造と中小企業の関係について考察する。「第12章 下請構造と中小企業」では，下請構造を産業構造との関係で考察する。「第13章 農村型中小企業とアントレプレナー」では，新たな視点として農村型中小企業について考察する。

「第14章 中小企業を支援する様々な団体」では中小企業支援団体について考察する。

「第15章 多様性と持続可能性の視点で考える中小企業」では，ここまでの考察に今後加えるべき新しい視点として，中小企業の多様性と持続可能性について考察する。

また本書では未解明な課題も山積しているが，それは読者からの批判も含めた指摘を通して解明していきたい。

【注記】

(1)「多様な種類の経済」は，多様性経済とも言え，これは本書の独自の概念である。この用語をいまだ他の文献で見たことが無いので，もう少し詳しく定義しておこう。人類史上において経済合理性によって量的拡大を進める生産システムは，その生産費用の効率的配分と生産費用の低下によって市場競争の作用で自然淘汰され生き残り存続が可能となるという理論の下で成立してきた。しかし一度築かれ巨大化した設備と生産様式が多くの企業に採用され社会全体の生産様式（販売様式を含む）として，また効率性の競争によって画一化し標準化してきた。そのため，この様式は一定の環境条件の下で最適化されているだけであって，環境の変化によっては非効率とならざるをえない。だがそれだけでなく大規模でもあり，かつ様々なシステムと有機的に連携して最適化されているがゆえに，環境適合能力は非常に低い。漸進的環境変化の当初は，大企業であれば大規模生産システムの市場環境への支配力をもって環境を自社に適合しようと試みるだろうが，環境変化がその試みを超えて拡がると，その大規模生産システムは非効率となり崩壊せざるを得ない。生物が獲得してきた進化による持続可能性とは変化への適応能力であり，その点で中小規模生産システムとその多様性は，環境変化への適応性が相対的に高く，また中小企業の転業や多産多死による新陳代謝があればさらに産業群としての生存可能性は高まる。これが「多様な種類の経済」の概略である。「多様な種類の経済」には，アマルティア・セン（Amartya Sen）が主張するように，選択の自由と同時に，自由な選択を実現するための環境と生産要素を活用できる潜在的能力ケイパビリティ（Capability）が必要であり，その能力を獲得できる機能が社会的に備わっていることで選択肢の拡大が実現できる。中小企業の多様性の実現とその社会的完備が，これからの経済社会の豊かさの指標であると考える。

第1章 中小企業の現状

1. 中小企業の概念

中小企業とは大企業に対して，企業規模が相対的に中小である企業である。企業規模は様々な見方ができるが，世界的に見て各国の基準は，資本金と従業員数の規模である。よって巨額の売上金と利潤を生み出していても資本金と従業員数が少なければ大企業ではなく中小企業扱いである。また相対的に中小規模ということは，例えば従業員が100万人規模の企業が全体の1%程で，その他のほとんどの企業が1万人であれば，その1万人の企業は中小企業となるが，1万人程度が最大でその他の殆どの企業が100人程度であれば1万人規模の企業は大企業で，100人程度の企業は中小企業だということになる。この見方からすれば，中小の定義は現代社会における経済活動を行う組織を相対的に示したに過ぎず，絶対的規模の概念ではない。

この様に，大小強弱という主観的とらえ方を対象としているように見える中小企業研究は社会科学という学問研究としては，その定義からいきなり研究対象が曖昧であり，かなり主観的な非科学的イメージを抱く人も多いだろう。事実，中小企業研究の中にはかなりの部分で，少数の大企業に虐げられている中小企業を救いたいという正義感によって研究を始めた研究者もいるであろうし，大企業には馴染めず，人情のある中小企業へ未来の希望を持ちたいという思いから研究しようと考えた者もいるであろう。

清成忠男によると，中小企業の概念は，時代とともに変化し，しかも産業によっても異なる。さらにその中小企業に関する理論的研究は，日本においては特定の方向に傾斜してきたという。それは「中小企業をもっぱら経済的弱者とみなし，正義の味方として同情論を展開するか，低生産性部門として近代化すべきであると主張する」方向である。戦後焼け野原からの経済再建の時期で，たしかに現象としてそのように見える部分もあったであろうが，多くは事実誤認である（清成 1997, pp.1-2）。

社会科学として中小企業を研究しようとするならば，正義感や思いなどの視点も排除した客観的なとらえ方が必要となる。社会科学は自然科学と比べてどちらかというと研究者の主観や思想，思いから中立となりきることは困難であるが，それでも客観的な視点で分析しようとする努力が求められることにはかわりない。しかし，中小企業研究は対象が相対的な規模という曖昧な設定で，かつ近代化というような主観的視点である。ではその中で中小企業をどのようにとらえ，どの様に分析する必要があるだろうか。まず企業規模についての分布である。事実として本書巻末「資料 主要国の中小企業の状態」の各国の企業規模の割合の表からもわかるように，たしかに相対的に中小規模の企業は，世界の至るところで見られる。それも中小企業の割合は99％以上がほとんどだ。さらに中小企業の多様性や異質性は広範囲に広がっており，個々の中小企業だけに焦点を当てて，そこから中小企業を一般化することはできない。つまり中小企業は絶対的な定義ができないのである。

2. 持続可能性と多種多様性からみた中小企業

しかし，経済全体から見渡すと企業規模には大小があり規模が小さくなるほど数が増えていく傾向は客観的に存在している。そこで，これら全体を一つの経済社会ととらえ，そのメカニズムを研究することは科学的研究として成立するであろう。ちょうど人間とは何かを一般化して研究をするとき，特定の個人だけを見てもわからないように，類として，また他の類との比較として，例えばチンパンジーなど様々な生物と比較して，はじめて人間とは何かを定義できるのと同じである。企業を生物に例えるならば，その生態系は存在する環境と密接に結びつき影響しあっている。同様に中小企業を研究するということは大企業との関係や地域，国家政策との関係とも密接に結びつき影響しあう存在として研究するということである。大企業を鯨に例えるならば，大企業研究は海

図表1-1　生産の時間順にみる資本，生産要素，産出財

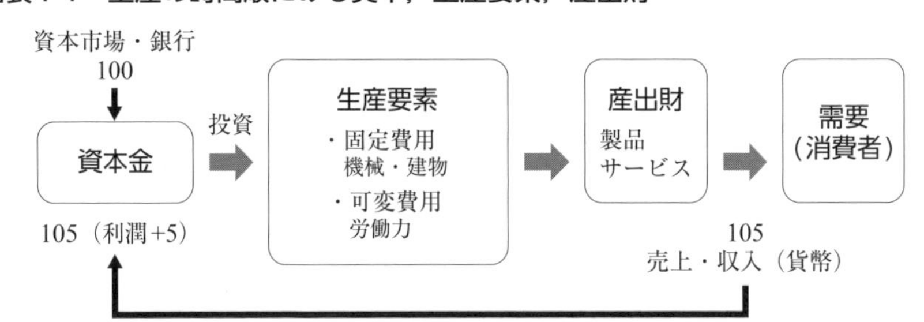

出所：筆者作成。資本市場から資本金を100調達し生産要素を購入し，生産した財を消費者へ105で販売した場合，利潤は5となる。

に生息する哺乳類である鯨そのものを解剖し，その仕組を解明することになるだろう。他方，中小企業研究は，中小企業をその鯨に捕食される小魚やオキアミなどに例えるならば，小魚やオキアミそのものを研究するものもあれば，中小企業を類としてみる中小企業論として，小魚やオキアミがなぜその環境で生息でき環境にどの様な影響を与えているのかというところまで体系化することが必要となる。そう見ると，中小「類」企業として環境や大企業との関係を分析することは客観的事実に基づく研究といえる。

また企業の経済活動にとって，環境とは何かについて触れておく必要があるだろう。企業は資本を調達し，その資本で生産要素を調達し，財・サービスを生産し販売する。それを図に示すと図表1-1となり，これは企業規模に関わらず同じである。企業にとって環境とは，企業外部に存在する生産要素市場と販売先市場といえる。そして企業は外部環境から影響を受けつつ，外部環境にも影響を与えている。例えば，ある国では失業者が溢れ最低賃金制度も無いようであれば，そうでない国と比べ，そこの企業は安価に労働力を調達でき安価な販売価格を設定できるため，市場競争力を得ることができる。またある国では一人当たりの所得水準が低く，高度な技術品質ではあるが高価なものは売れず，技術品質が低くても安価なものが売れる，という具合である。

先程の中小企業と大企業の関係でいうと，高品質な部品を提供できる中小企業が存在しなければ，大企業も存在できない。こう言うと，大企業ならば部品までずべて自社内で生産できるのではないか，という反論もあるだろう。実際できないことはなくフルセット型というのだが，それは非常に効率が悪くなり，結果的に同業種で中小企業群から部品を調達している大企業の方が安価かつ多品種製品を販売し市場競争力が高くなる。かつて米の自動車会社フォードがT型車によってフルセット型生産を行い，一時的に大成功を収めたかに見えたが，その後は倒産の危機に陥るほどに衰退してしまった。今日の技術革新と生産スピードの速い時代では，なおさらフルセット型は衰退していく流れといえよう。

フォード社による自動車の大量生産システムの成功が多くの産業に広がり大企業が登場し始めたのは19世紀初頭である。分業とベルトコンベアによる流れ作業による大量生産から生み出された大量の車は，多くの消費者が購入できる程度にまで安価に値段を下げることができた。このような大量生産システムとそれを購入できる大量消費人口である中流層の形成は，不可分一体の相互関係をもって大量生産・大量消費社会を形成する。1920年頃からその勢いはめざましく，すべての中小企業はやがていくつかの大企業に従属し，吸収され消滅していくように思われた。

しかし，大量に消費された財はやがて大量のゴミとして，また大量生産工程での大量の有毒物質が河川，海，空気を汚染し始めると，この大量生産システムは自己完結型ではない不完全なものであることが認識されるようになる。生産者は生産過程で生まれる有毒物質を環境へ害のない状態に変換しなければ排出できない。また生産過程のみならず，消費者に販売した後にゴミになった場合，その財が環境を破壊しないような仕組みを作らなければならない。したがって生産は，生産要素の投入から消費者への販売のみならず，その後のリサイクルまでを貫く再生産システムを求められるようになった。このように経済活動は，生産→消費→再生産→消費‥‥というように循環型となることが，生物の持続的生存環境の維持にとって必要となると同様に生産活動でも必要となると認識されるようになった。

図表1-2　日本の中小企業の定義

日本の中小企業基本法の定義（会社及び個人事業）

2013年度

中規模企業の定義（いずれかを満たすこと）

業種	資本金か出資総額	常用従業員数
製造業その他	3億円以下	300人以下
卸売業	1億円以下	100人以下
小売業	5千万円以下	50人以下
サービス業	5千万円以下	100人以下

小規模企業者の定義

業種分類	従業員
製造業その他	20人以下
商業・サービス業	5人以下

※「商業」とは，卸売業・小売業を指す。

※宿泊業及び娯楽業を営む従業員20人以下の事業者は小規模企業

出所：中小企業庁（2020）「中小企業・小規模企業者の定義」より

主要国の中小企業の定義

国・地域	定義等
アメリカ	・自立的に所有および経営され，かつ当該事業分野において支配的でないもの ・北米産業分類システムに基づき，従業員数または売上高を基準に定義 ・製造業では，約75%が従業員数500人未満，他は750～1500人未満
EU	・従業員数250人未満，大企業の出資比率25%以下。年間売上高5000万ユーロ未満，または年次総資産4300万ユーロ未満 ・小企業以外に資本の25%以上を支配されていないこと ・マイクロ企業（従業員数10人未満），小企業（同10～49人），中企業（50～249人）の区分がある
中国	・業種ごとに従業員数，年間売上額等で基準を設ける（以下例示） ・工業：従業員数2000）人未満，年間売上3億元未満，資産総額4億元未満 ・建築業：従業員数3000人未満，年間売上額3億元未満，資産総額4億元未満 ・小売業：従業員数500人未満，売上額1.5億元未満

出所：三菱総合研究所（2011）より作成

出典：植田浩史他（2014），p.86

図表1-3　日本の中小企業政策の変遷

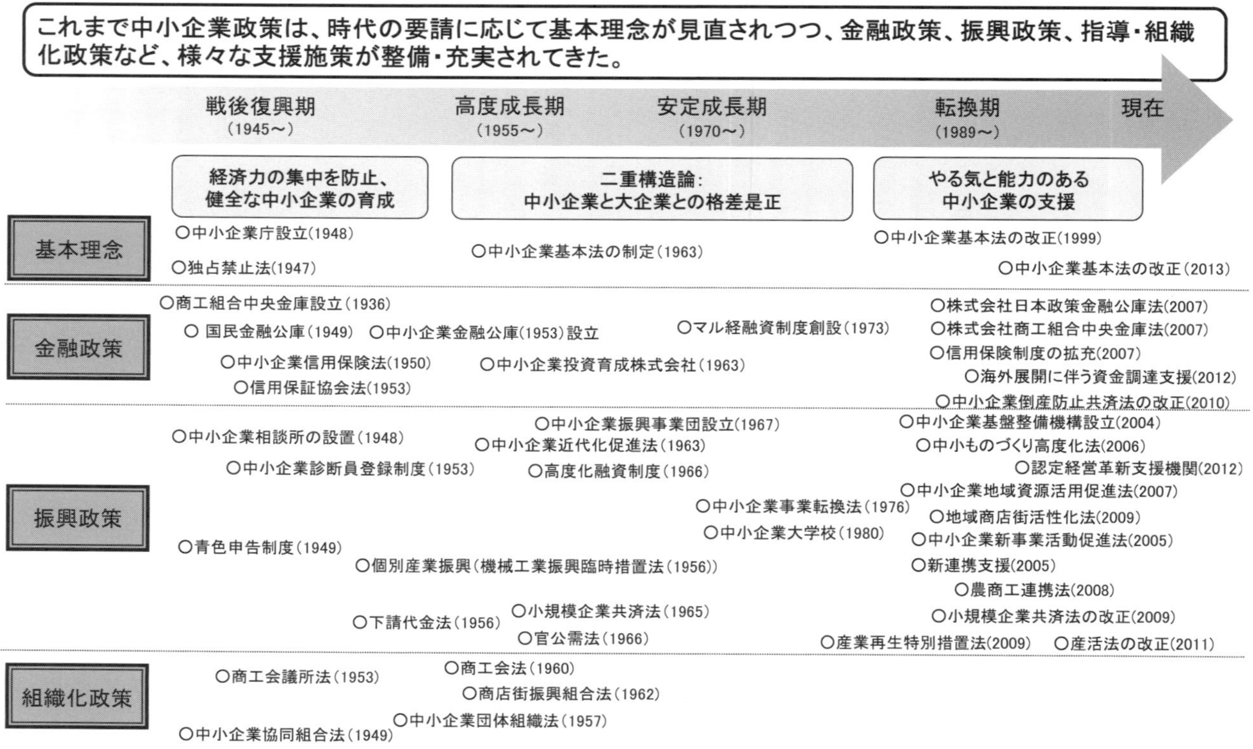

これまで中小企業政策は、時代の要請に応じて基本理念が見直されつつ、金融政策、振興政策、指導・組織化政策など、様々な支援施策が整備・充実されてきた。

	戦後復興期（1945～）	高度成長期（1955～）	安定成長期（1970～）	転換期（1989～）	現在
	経済力の集中を防止、健全な中小企業の育成	二重構造論：中小企業と大企業との格差是正		やる気と能力のある中小企業の支援	

基本理念
- ○中小企業庁設立(1948)
- ○独占禁止法(1947)
- ○中小企業基本法の制定(1963)
- ○中小企業基本法の改正(1999)
- ○中小企業基本法の改正(2013)

金融政策
- ○商工組合中央金庫設立(1936)
- ○ 国民金融公庫(1949)
- ○中小企業金融公庫(1953)設立
- ○中小企業信用保険法(1950)
- ○信用保証協会法(1953)
- ○中小企業投資育成株式会社(1963)
- ○マル経融資制度創設(1973)
- ○株式会社日本政策金融公庫法(2007)
- ○株式会社商工組合中央金庫法(2007)
- ○信用保険制度の拡充(2007)
- ○海外展開に伴う資金調達支援(2012)
- ○中小企業倒産防止共済法の改正(2010)

振興政策
- ○中小企業相談所の設置(1948)
- ○中小企業診断員登録制度(1953)
- ○青色申告制度(1949)
- ○個別産業振興（機械工業振興臨時措置法(1956)）
- ○下請代金法(1956)
- ○中小企業振興事業団設立(1967)
- ○中小企業近代化促進法(1963)
- ○高度化融資制度(1966)
- ○小規模企業共済法(1965)
- ○官公需法(1966)
- ○中小企業事業転換法(1976)
- ○中小企業大学校(1980)
- ○中小企業基盤整備機構設立(2004)
- ○中小ものづくり高度化法(2006)
- ○認定経営革新支援機関(2012)
- ○中小企業地域資源活用促進法(2007)
- ○地域商店街活性化法(2009)
- ○中小企業新事業活動促進法(2005)
- ○新連携支援(2005)
- ○農商工連携法(2008)
- ○小規模企業共済法の改正(2009)
- ○産業再生特別措置法(2009)
- ○産活法の改正(2011)

組織化政策
- ○商工会議所法(1953)
- ○中小企業協同組合法(1949)
- ○商工会法(1960)
- ○商店街振興組合法(1962)
- ○中小企業団体組織法(1957)

出所：中小企業庁（2013）『日本の中小企業・小規模事業者政策』「1.（1）中小企業とは③ ～政策の変遷～」より

また地球上の環境は一様ではなく，気候変動や地形，内陸部や沿岸部のようにそれぞれの自然環境と密接に結びつき影響しあっている。そこで経済環境は自然環境とも密接に結びつき影響しあっていると認識されるようになってきた。ブラジルの熱帯雨林の減少は大気のCO_2濃度を上昇させているといわれているが，このブラジルやオーストラリアでの森林伐採は，生活に困窮した住民が高価に販売できる牛肉や大豆，パルプの生産のための牧場，畑として森林を開墾していることに原因があると指摘されてきた。大手外食産業では，これらの生産要素を環境破壊とならない方法で調達するように変更せざるを得なくなっている。この様に自然環境と経済環境は，地域の特性と密接に結びついているため，地域ごとに独自の技術や作業が求められるようになる。世界規模での需要に対応しながらも，地域ごとの特性による独自の生産方法が求められる。

地域ごとの生産方法は当然，世界規模の需要と比較して小規模とならざるを得ない。このように地域ごとにきめ細かに対応して環境に適した生産規模とする必要があり，当然それは企業規模を制限する。この地域ごとの適正規模によって生まれた生産要素なくしては大企業の生産は維持できない。公害や自然破壊が問題とされた大企業の都合による環境への影響は制約されてきているのである。

中小企業の科学的研究は，一方で自然環境が持つ多様性やその地域の住民の生活様式や文化の持続可能性と密接に結びつきつつ，他方で世界の大企業や消費者とグローバルに結びつく多様性との両面を対象とする必要があるだろう。本書では，これを持続可能性と多種多様性という視点とし，中小企業研究のアプローチとする。

3. 日本の中小企業の定義

日本では政府の中小企業政策は，「中小企業基本法」によって体系化されている。中小企業の定義には「資本金」と「従業員数」が用いられている。図表

1-2にあるように「中規模」と「小規模企業」が業種別に分類されている。この分類に基づいて中小企業政策は，国による政策と地方自治体による政策が行われている。国による政策は，経済産業省の外局としてある中小企業庁によって行われる。日本の中小企業政策の変遷にもあるように，戦後の中小企業政策は次の3つ「戦後復興期」，「高度経済成長期・安定成長期」，「転換期」に大別されている（図表1-3）。

戦後復興期には，中小企業政策は資材不足，資金不足や大企業による経営の圧迫に対応し，失業者の吸収に主眼が置かれていた。高度経済成長期に入ると，「二重構造論」にみられるような近代的大企業と前近代的中小企業の視点から中小企業の近代化がテーマとなった。バブル崩壊後の1990年代以降，経済は低成長からゼロ・マイナス成長へとなりながらも高収益をあげる中小企業もみられ，中小であることでの一律的な支援政策への効果が見直されるようになり，中小企業の自助努力による改革や転換を促されるようになる。それに対応して支援を必要とする中小企業の個別できめ細かな状況把握と，効果的な支援策の立案が求められるようになった。図表1-4にあるように国の大枠の政策の下で，地方経済産業局やベンチャー・ビジネス育成を主目的にした中小企業基盤整備機構があり，資金調達のための信用保証協会，中小企業の海外展開を支援する日本貿易振興機構（JETRO）がある。またきめ細かさゆえに複雑化した政策の理解促進のために，Webサイト「ミラサポplus」（経済産業省・中小企業庁「中小企業向け補助金・総合支援サイト」）が開設されている。

国の政策とは別に，都道府県などでも独自に中小企業政策を立案し，中小企業センターや商工会議所を通じた支援を実施している地方自治体もある。特に少子高齢化による人口減少の下で，地域への人口流入のためには，移住と同時に仕事が必要である。中山間地域では人口維持は行政の存続と機能維持にとって欠かせなくなっており，地域での産業育成はその地方自治体の死活問題になってきた。Iターン，Uターン，インバウンド消費の取込など観光産業の育成，保育園の整備や空き家対策など中小企業の創業や支援は，地域住民サービスや福祉との有機的連携が必要となっており，地方自治体による町おこし，村

図1-4　日本の中小企業支援体制

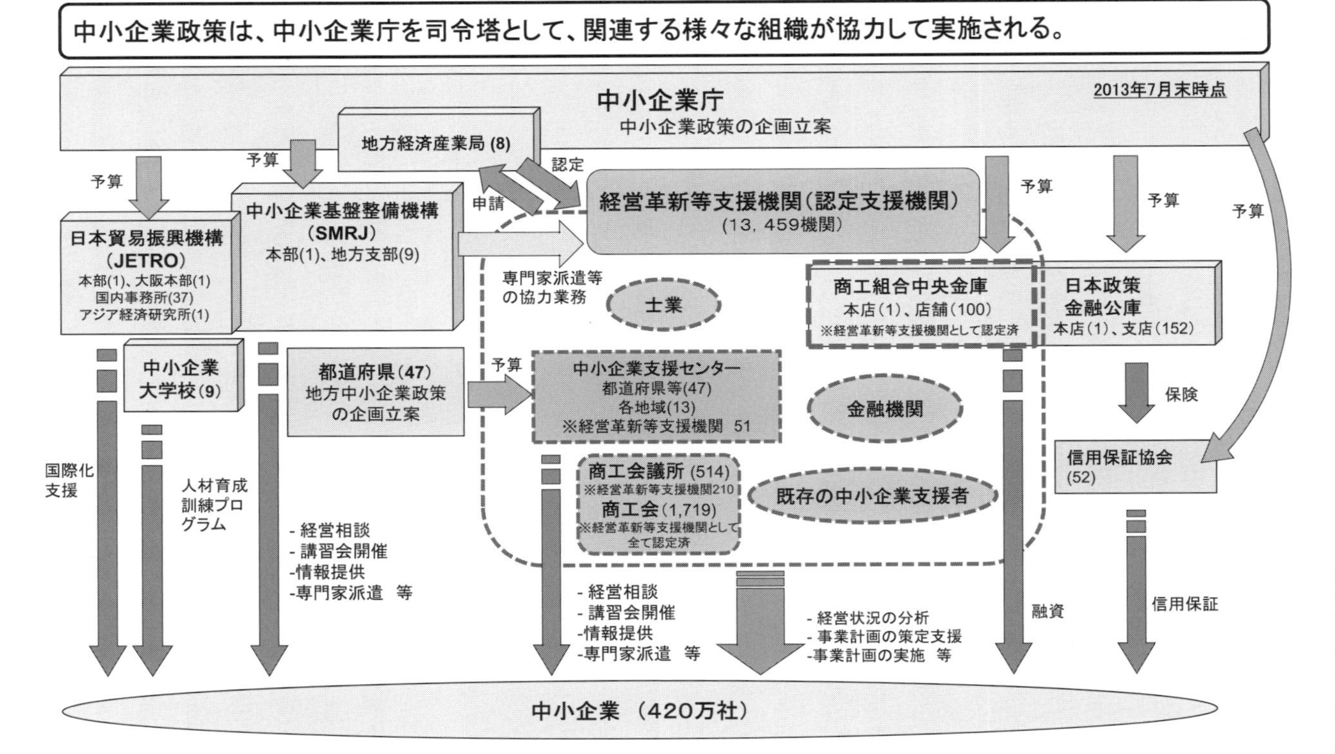

出所：中小企業庁（2013）『日本の中小企業・小規模事業者政策』「1.（2）中小企業支援体制①」より

おこしなど特色ある地域づくりは中小企業政策ともなっているのである。

4. 世界の中小企業

中小企業の定義には，大別して個人事業と法人の二種類がある。世界の国々では，OECDのようなGDPの高い比較的大企業の数が多い国をみても，大企業に対し相対的に規模が小さい中小企業は，企業数では9割を超えているという事実である。またそれらの対象は，各国の統計データによって示されているのだが，厄介なことに各国によって「中小企業」の定義が異なっている。中小企業の絶対的定義は存在しないと述べたが，かといって各国には不可欠な存在として中小様々な企業が多数派として存在している。このため各国では規模の小さな企業群に何らかの問題が生じたとき，政策的に支援すべき中小企業の範囲を確定する必要が出てくる。例えば災害やパンデミックによる被害を受けても，企業規模ゆえに民間銀行からの融資が受けられない場合，政府が融資を行うようにしなければならない。その時，中小企業を限定するために法律をもって「中小企業」を定義しておく必要があるのである。そこに「中小企業論」の重要性がある。

① ドイツ

ドイツの中小企業研究は，中小企業での「ツンフト」という伝統的手工業者への保護政策があり，古くから「マイスター」と呼ばれる高い技能を持った職人がいて技術力の高いドイツ製品を作る背景がある（三井 1991）。ドイツ人は自分の国を「中小企業の国」と呼び，それらはドイツ経済を支えてきた。ギルドを起源とするドイツの教育システムは「デュアルシステム」と呼ばれ，世界的にも有名であり，職人養成コースが設けられ，充実した教育訓練を受けている。東西ドイツの統一によってドイツ経済は衰退したが，国を挙げて製造業，特に中小企業の輸出振興に取組み，輸出主導による経済成長が定着する中で，中小企業は生き残りをかけて外国市場に積極的に進出していった。国際化に成功して売上げを伸ばした中小企業は「隠れたチャンピオン（Hidden Champion)」と呼ばれ，競争力を更に高めたが，国際化に対応できなかった中小企業は淘汰されていったという。また，ドイツには日本のような「系列」が存在しないため，自社が立地する近郊の中小企業同志が，お互いに得意な分野を活かして連携することで競争力を高め，成長してきたため，もしどこかに移転すると連携関係が切れ，競争力を失ってしまうのだという難点もある（岩本 2016)。

② フランス

フランスで中小企業（PME: petite et moyenne entreprise）という言業が浸透し始めたのは第二次大戦後である。戦後の経済体制は国家による管理経済（économie dirigée）と個人の自由と民主主義を両立させようとするディリジスム（dirigisme）という混合経済体制であった（遠藤 1982)。1990年代以降，民営化が進みディリジスムの影響を残しつつ雇用創出及び地域振興等の観点からの創業支援策が重視されるとともに，最近では欧州統一市場での競争に直面する中で,経済活性化の観点からの中小企業の技術力・経営力の向上等が重視されている（中小企業庁 1998)。

ディリジスムによる大企業に対し，「中小企業は多くのフランス国民にとって，個人主義と自由主義を発言する場，すなわちフランス的なるもの，あるいは文化や社会性を発現する場としての存在意義を与えられ続け」られた。1990年代には中小企業のネットワークと連携を促進し，地域文化やコミュニティの形成のためのに「地域生産システム」と呼ばれる地域振興政策が実施されたが，それは2005年より各地方・地域における中小企業と研究・教育機関による「競争力拠点（pôles de compétitivité)」とよばれる産業政策へ統合される（山口 2010)。この政策の一環として，スタートアップ企業を創出する支援拠点として「フレンチ・テック拠点（French Tech Hub)」を各地方に設置した（和田 2020)。

③ イタリア

先進国の一角にあるイタリアでは，日本と並んで中小企業の比率が高い。その中小企業の活動でも最も世界的に注目されているのは，日用品を生産する中小企業群である。その企業間ネットワークによる「柔軟な専門性」によって生み出された製品は国際競争力が高い。

今日，日用品といわれている財の多くは，発売当初は新製品として開発され，旧来の日用品とは差別化されたものであった。これらはまだ一部の者しか買えない高価なもので，技術力のあるイノベーション企業によって開発されるのだが，それが高利益を生むとみる他社に模倣され，類似品が安価に供給されるにしたがって社会に普及していく。この普及現象をコモディティ化（commoditization）という。こうなると販売価格は急速に下落し，相次ぐライバル企業がもたらす供給量は市場の需要量を凌駕していく。よって利益を確保したい供給企業は製造コストを下げるために安価な生産要素，特に安価な賃金を求めて他国へ工場を移転して行き，先進国では衰退し，発展途上国へと生産地域が移転してしまう，というのが経済理論の一般的な見方であった。ところが「第三のイタリア」と言われる地域では日用品をコモディティ化させずに高付加価値を持った新商品を次々と創造していく中小企業群が存在する。北東部と中部ではファッション・皮革・家具・キッチンウェアなど，デザイン性に優れた日用品が，安価な海外製品よりも競争力を持つ。それは多様で独自性の高い中小企業による連携によって実現している。

④ アメリカ

アメリカにおける中小企業の定義は，業種に関わりなく「従業員数500人未満の企業」となっている。中小企業の割合は，99.7%，雇用者数では50.1%を占めている（中小企業基盤整備機構（SMRJ）2005, p.1）。業種としては，農林水産業，鉱業，卸売業，不動産業で多く見られる。また，大企業の廃業数は開業数を上回ることが多いのに対し，開業・廃業した企業のうち中小企業が99%以上を占め，かつ開業数が廃業数よりも多い。これがダイナミックに変化する米国経済の牽引役として大きな役割を果たしている。

中小企業庁の施策には，中小企業の開発する技術の商業化支援を目指す中小企業技術革新制度や，州政府・地方自治体や民間セクターとの連携で運営する無料の研修・カウンセリング制度などがある。連邦政府調達では，調達額の23％を中小企業に割当てる義務が中小企業法により定められており，その他にも中小企業庁による独自の支援プログラムを運営している（中小企業基盤整備機構 2005, p.2）。

日本貿易振興機構によると，中小企業は大企業に比べて，新しい技術を開発する可能性が非常に高く，中小の革新技術企業の従業員1人当たり特許取得数は，大企業の16倍である。また，また中小企業による輸出は，アメリカを拠点とする輸出全体の33％を占める。アメリカ連邦政府は，中小企業が開かれた市場で大企業と競争できるようにするための援助と保護のための策定があり，中小企業の活動を促進している（日本貿易振興機構 2015, p.4）。

アメリカでは，中小企業政策の理念は「完全な自由競争」の維持拡大と「個人の創意・判断」の機会の確保に求められている。1953年に中小企業法が制定され，中小企業の条件として「独立所有・独立運営で，自分の業種において独占的な地位を占めていない事業者」中小企業法第3条（a）として，中小企業による自由競争の維持・拡大は国民経済の繁栄及び国家の安全保障の基礎であるという考えに基づいた政策が行われている。1980年以降には国際競争力に不可欠な技術革新の源泉として，また1990年代には雇用創造の源泉として，中小企業，特にベンチャー企業の果たす役割を重視した政策が行われてきている。

⑤ イギリス

1993年のイギリスでは中小企業は企業数の99.9％，従業員数の72.5％を占めていた。中小企業の割合が大きい業種は，農林漁業，建設業，不動産業などである。今日のイギリスの中小企業政策は，1971年「ボルトン委員会報告」で示され，その中で中小企業を技術革新の苗床として，イギリス経済の再活性化と雇用創出の担い手としてみなし国際競争力を獲得するよう期待が込められている（渡辺 2010）。

5. 中小企業の存続理由

経済学者マーシャルやマルクス経済理論の示すところは，経済の発展とともに大企業が巨大化し中小企業の事業は吸収されていくだろうという考えであったが，大企業が出現した20世紀の現実は，それを覆し中小企業が数的優位を維持し続けた。また質の面でも多様性や技術革新などでもその存在感は衰えなかった。むしろ100年にわたって展開してきた大企業体制の限界が，今日現れ始めている。大企業体制が先行的に発展したアメリカにおいてでさえ，大企業のダウンサイジングが進むとともに，中小企業を中心とする起業家活動が盛り上がりをみせている（清成・田中・港 1996, p.21）。

世界における主要経済大国といわれる経済開発機構加盟国(1) ではどこでも，中小企業の数的優位がみられる。しかし，その質は国によって様々である。よって中小企業に対する研究の基本テーマは「今日の経済のもとで，中小企業がなぜ多数存在しているのか，それは経済，さらに社会全体にとってどのような問題ないしは意味をもつのであろうか」ということであろう（三井 1991, p.3）。本書は，それを生産性の向上を目指す企業活動が，必然的に多様性と持続可能性へ行きつくであろうことを，経済理論を基礎とした経営理論による分析によって理解することを試みる。

【注記】

（1）第二次世界大戦後の1946年に欧州経済復興のためマーシャル・プランにより設立された欧州経済機構が発展し1961年に経済協力開発機構（OECD: Organization for Economic Co-operation and Development）が設立された。現在37か国が加盟している。OECDは専門家による世界最大のシンク・タンクであり，加盟国はその活動を自国の経済・社会政策や制度を調整・改善に役立てている。

第2章 中小企業の存在理由（生産費用編）

1. 中小企業の理論とは

大企業も中小企業も「企業」であるので，どちらもその根底には「企業」の経済原理が働いている。しかし中小企業は企業規模・経営の質ともに多様であり，また銀行からの融資基準や社会での知名度等で直面する課題も，大企業のそれとは異なる点が多い。そこで，日本も含めた多くの国で，資本規模や従業員数が一定以下の企業を中小企業と定義し，大企業とは異なる政策や支援を行っている。

日本では「中小企業基本法」により図表1-2の企業を「中小企業」と定義している。しかしそれはあくまで便宜上であって，中小企業の多くに共通して言えることも多いが，その内容は多様であり異質でもある。それは我々諸個人が人間として共通でありつつも，個別的には多様であり異質でもあるのと同様であろう。それを理解した上で，個々の中小企業が抱える課題の構造的かつ本質的原理の解明をしようとする努力は，社会経済の諸問題を解決する上で貢献できるはずである。

2. 生産性と分業論

中小企業は，経済活動を行う組織である。そこで中小企業を経済学および経営学における組織論という2つの研究分野からアプローチする。経済活動が持続的に可能となるには，売上等の収入が，投資費用と同じかそれ以上である必要がある。販売価格−投資費用＝利益であり，この利益がゼロ以上であれば，その企業は持続的に存続が可能になる。

競争市場で，同じ財を生産する複数の企業が存在する競争市場では，同量の産出に必要な生産要素が少なくてすむ生産方法が，多くの利益を産み，販売価格を維持しながら企業は存続可能となる。他方，その生産要素量が多くその費用が販売額を上回ると利益はマイナスとなり企業は存続できない。

生産要素の投入量に対する産出量の割合を「生産性」(1) という。生産性の高い企業が市場では生き残ることができるが，低い企業は倒産するか転業するため，その財の市場から退出することになる。これを市場競争による淘汰という。

生産性の増減に関する研究文献としては，250年前の西暦1776年に発行されたアダム・スミス『国富論』（Smith, Adam 1776）が有名である。スミスは，その著書の中で生産性向上を「生産力の増大」と表現し，その生産力の増大の源泉は分業であると分析した。スミスはピン工場での分業の描写から，分業が生産力を増大させることができるのは，分業によって3つの効果が生まれるからだとしている。3つの効果とは，1つ目は，複雑な作業を単純な作業に分解することで，作業者が担当作業の習得に必要な時間を短縮することができること。2つ目は，作業者がすべての工程を一人で行う時に発生する異なった作業へ移るときの移動時間が，分業では必要なくなり，全作業時間に含まれていた移動時間の分が短縮されること。これは例えば工具の持ち換えや場所の移動が必要なくなるということである。3つ目は，作業を単純化することで蒸気機関などの動力を使用した機械による作業に置き換えることができ，作業の機械化が人間労働よりもはるかに高速に作業を実現することで作業時間を短縮することができる，ということである。

スミス以外にも同時代の研究者バベッジ（Babbage 1832 (1989)）が同様の結論に達していた。興味深いことにバベッジの分析は単なる生産性の向上にとどまらず，工場生産の機械による自動化を目的に分析されていることである。バベッジの分業分析のもう一つの特徴は，スミス以上に分業の効果を細かく分析し，分業による費用の節約を具体的に明示している点である。例えば，高度な技術が必要な作業と教育訓練が比較的易しい単純作業に分け，高度な部分だけを行う技術者には高額に賃金を支払い，単純作業労働者は低賃金として人件費をトータルで安価にしながら同じ成果（例えば売上）を得るなどを分業の効果として示している。

スミスらが示した分業の効果は，実は社会のあらゆる職業・産業でみられ，その研究対象は広範に及ぶ。この研究に基づき，その後の分業の研究者達は工場内での生産工程における分業を「工程内分業」といい，市場での売買交換を通じて部品や製品を生産するあり方を「社会的分業」と分類している。

生産力増大の源泉に関する研究は，今日では生産性の研究として受け継がれている。この生産性の研究は，経済学の分野では「産業組織論」という学派を形成し数式モデルを駆使して費用曲線の分析手法や利益最大化点の導出方法などを費用便益モデルなどを用いて緻密に分析する方法を示した。

一方，経営学の分野ではテイラー（Taylor, F.W. 1911）が「科学的管理法」研究で効率的な作業管理の手法を示し，その後，自動車メーカーの創立者ヘンリー・フォード（Ford, Henry）により単純作業とベルトコンベアーによる作業の連結によって大量生産による「規模の経済」効果を実証した。この大量生産方式の基礎は20世紀初頭に登場し，今日に至るまで大衆消費社会の礎となっている。同時に労働の単純化への反発や人間労働の機械への置換による失業や有効労働能力の短期化に対する職業能力開発と再訓練が課題となってきている。

3. 比較優位論

比較優位論は，諸個人の特徴や得手不得手などの能力差に注目し，それが分業によって生産性を高める効果を分析した理論である。比較優位論を結論から述べれば，設備や労働者の能力差に応じて作業を分解し割り振ることで，トータルとして生産性を高められるということにある。作業を特定の能力に分化させることを「特化（specialization）」といい，特化によって能力がより高められ，また少ない費用でより多くの効果を期待できる。

比較優位論は，デヴィッド・リカード（Ricardo, David）によって自由貿易を促進するための理論として提唱された。各国や地域はその特性に合わせた製品に特化し，相互に製品を交換することで，交換以前に自国内ですべてを調達しようとするよりも，より多くの生産物を獲得できることを証明している。

比較優位論は，極めて一般化された理論であるため，国家間に限らず，地域，企業，個人にも当てはめることができる。国家であれ，個人であれ生産主体に特徴や個性があれば「特化」によって，それを有効に生かすことで生産性を高めることができる。これは2つ生産財と，生産主体による簡単な例で説明することができる。

一般的な近代経済学のテキストの事例に基づいて紹介しよう（N. Gregory Mankiw 2004）。まず2人でも2企業でも2国家でも同じことだが，わかりやすく2人が非常に単純化した状況で分業する場合を，分業しない場合と比較してみよう。「図表2-1 生産性フロンティア」を使って解説する。この図表が示していることは，2人の登場人物Aさんと Bさんが，2つの生産財ハンバーガーとピザを生産していたとしている。Aさんはハンバーガーだと1日8時間で24個作ることができるが，ピザだと32枚作れるとする。つまりAさんはハンバーガー作りよりもピザ作りのほうが8個ほど得意とする。次にBさんはハンバーガーだと16個でピザだと12枚作れるとする。Bさんはハンバーガー作りの方が得意とする。図表2-1では縦軸にハンバーガー，横軸にピザの生産量を示し，1日8時間をどちらかの生産に当てたかを図表にしている。難しそうに見えるが極めて簡単なことを示しているので恐れないでみてほしい。

Aさんは8時間でハンバーガー24個と，ピザだと32枚を作るので1時間だとハンバーガー3個か，ピザだと4枚を作れることになる。よってハンバーガーを4時間つくり，残り4時間でピザをつくるとすると，ハンバーガー12個にピザ16枚ということだ（図では●で示してある）。同様にBさんが，ハンバーガーを4時間つくり，残り4時間でピザをつくるとするとハンバーガー8個にピザ6枚だ（これも図では●で示してある）。

両者の各生産物へ費やす生産時間の変化に伴う生産量の変化をビジュアル的にわかりやすく書くと図表2-1の「Aさんの生産可能フロンティア」と「Bさ

図表2-1　生産性フロンティア

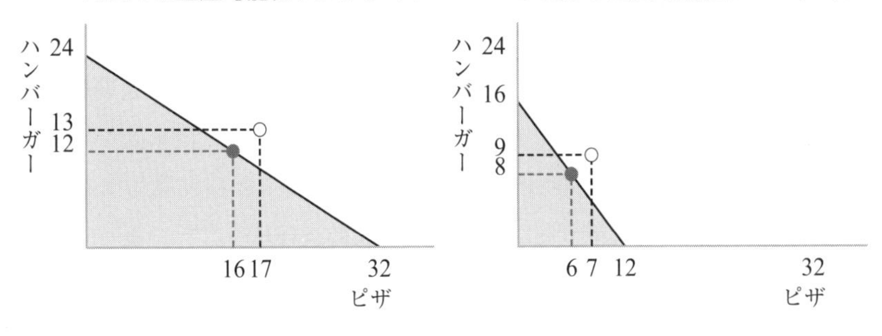

んの生産可能フロンティア」となる。この「生産可能フロンティア（production possibility frontier)」とは，生産者が使用可能な資源をすべて使用して生産しときに可能な生産量，と定義される。つまりサボらず目いっぱい生産したら可能となる生産量だ。これ以上の生産量は実現不可能な量で，斜線はその境目（=フロンティア）なのである。

さて，この理屈が理解できたら結論はわかりやすい。投入総労働8時間では，Aさんはハンバーガー13個とピザ17枚は生産不可能だということである。同様に，Bさんはハンバーガー9個とピザ7枚は生産不可能だということもわかる。図表の○点で表した生産の組み合わせだ。生産可能性フロンティアを超えてしまっている。

ところが，もしAさんとBさんがお互い生産物を交換したらどうなるか。つまり得意なものをより多く作って，必要な分を交換し合うとしたらどうなるだろうか。では試してみよう。Aさんが8時間の内2時間をハンバーガー作りに費やしハンバーガー6個を，また6時間をピザ作りに費やしピザ24個を作る。一方Bさんは8時間すべてをハンバーガー作りに費やしハンバーガーを16個（よってピザは0枚）作ることが生産可能だ。この生産量の合計は，ハンバーガー22個とピザ24枚となる。つまり2人が協力して生産し交換すれば，8時間でAさんはハンバーガー13個とピザ17枚を，Bさんはハンバーガー9個とピザ7枚を得ることができるのである。

この仕組みは，それぞれがハンバーガーとピザの生産を比較してより多く作れる生産に集中すると実現できる。この集中するということを「特化」という。比較して優位な生産に特化すれば，分業せずに生産するよりも生産性が増大するということだ。これを「比較優位論」という。比較優位論は分業が生産性を増大させる理論的根拠だが，その応用が企業間での分業，国家間で分業し貿易を推し進めることが社会全体で生産力が増大することの理論的根拠ともなっていて，今日の社会秩序や国際貿易の制度設計に応用されている。

4. 生産性と収穫の法則

人間社会が今日のような高度な分業社会を形成できたのは，分業が生産力を増大させることを知り，企業はより効果的な分業の在り方を自社内で推し進め，その効率性の優劣が市場競争において試され，優勝劣敗による淘汰が起こった結果である。

もう一つ，生産性を高めているのは，生産設備や土地・労働能力の影響も大きい。その希少性が生産性を左右する。簡単な例で考察してみよう。ここでは，解りやすくするために機械設備の生産性を一定とし，労働者の投入数の変化に対する売上収入量の変化だけで生産性を見てみる。その時，生産性とは，生産活動への投入量に対してどれほどの産出量を実現できたかを表す。例えばある企業が製品生産で100万円投入して150万円分の生産財100個を産出すると生産性は1.5倍となる。ではその2倍の200万円を投入すれば300万円分の生産量200個を産出できるかというと，大抵の場合そうはならない。その理由は，生産要素の生産能力に希少性があるからだ。よって産出量は大抵200個よりも少ない195個とか190個となる[(2)]。このように生産要素の投入量を2倍にしても産出量が2倍にならない現象を「収穫逓減」の法則という。

経済学ではこの現象を厳密に次のように定義している。「収穫」とは生産要素を1単位増加させたときの産出量の変化である。つまり100万円を投入して100個を産出している生産工程の状況で，200万円を投入して200個未満の場

図表2-2　生産要素の投入量に対する収穫の変化

(a) ①収穫逓減の法則

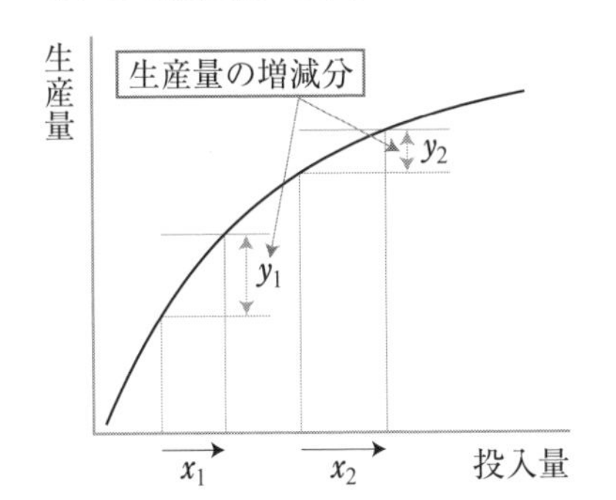

(b) ②収穫一定と③収穫逓増の法則

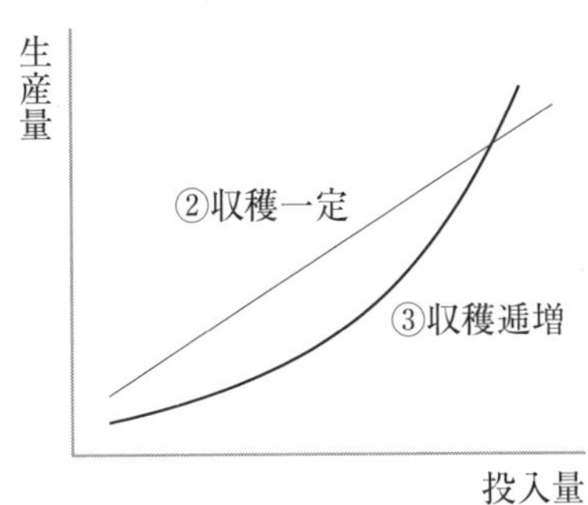

合を「収穫逓減」，200個の場合を「収穫一定」，200個よりも多い場合を「収穫逓増」という。理論的には地球上のあらゆる資源は有限であるから，程度の差はあれ，生産要素は使えばその分減少する。そのため生産要素の希少性が高まる（需要が一定であるとすると供給が減少する）ので生産要素価格は上昇し，今まで購入できていた生産要素の分量を購入しようとすると購入費用は高くなる。または労働能力には個人間で差があるので必要な雇用者数が増えれば，労働能力が相対的に低くても採用する必要がある。このように生産量の増減で「収穫逓減の法則」が働く。

「収穫一定の法則」とは，生産要素に希少性がない場合に起こる。これは生産要素の量をどれだけ購入しても減らない場合である。理論的には想定できないが，生産要素の存在量が必要量に比べて圧倒的に多い場合，人間が希少性を知覚できなければ，その生産要素は無限に存在しているかのように経済活動を行ってしまう。

「収穫逓増」はどうであろうか。これは非常に難問で，私たちが生存している物理空間では理論的にも知覚的にも存在しない。収穫逓増とは生産要素を使うと，投入生産量の増加分以上に産出量が増えるという現象だ。よって本質的には収穫逓増は起こりえないが，分業論で見たように，時間やエネルギーの節約という無駄の排除によって現象的に実現できたかのように認識してしまう。

例えば，30人乗りのバスを1台5万円で貸し切って，1人乗せても30人乗せても貸切料金が同じであれば1人から30人の場合，収穫逓増となる。厳密にはこれは，固定費用の拡散効果（spreading effect）であり収穫逓増ではない。固定費用の拡散効果と収穫逓増については，現在あまり厳密には議論されていない。

経済学では，投入量の変化に対する生産性を「収穫」といい，その性質を「収穫逓減」「収穫一定」「拡散効果」の3つに分類できるのだが，これが企業規模の決定要因の一つとして議論されてきた。基本的に一般的な生産活動は「収穫逓減」であるので，生産量を増加させれば1単位産出量に対する投入生産要素の量を1単位より多く増やさなければならない。

例えば，1個を1万5000円で販売できる製品を100個生産するために100万円の生産要素費用が必要だったとすると1個当たりの生産要素費用は1万円である。その時，売上は150万円で利益は50万円で1個当たりの利益は5000円となる。

それを200個へと生産量を増やした場合，生産要素費用は200万円ではなくそれ以上の220万円となり，1個当たりの生産要素費用は1万1000円ということである。その時の売上は300万円で利益は80万円となり，1個当たりの利益は4000円であり，1単位生産に必要な生産要素費用は1000円上昇し，利益は1000円減少する。売上は2倍となるが利益は1.6倍にしかならない。よって収穫逓減の法則の下では，生産量をやみくもに拡大するといずれ費用が売上を上回り赤字になるので，企業は市場における販売価格と生産量の増減に対応した生産要素費用の増減を考慮しなければならない。

ここまで，生産量によって1単位当たりの生産に必要な費用が変化する生産要素について考察してきたが，生産要素費用にはもう一つ生産量によっては変化しないものがある。そこで生産量によって変化する生産要素費用を「可変費用」とし，生産量によっては変化しない生産要素費用を「固定費用」として区別し，生産量が変化する時の1単位当たりの固定費用の変化に注目してみよう。

固定費用は，生産量の変化に関係なく必要となる費用である。例えば，工場の建屋は一度建ててしまえば生産量に関係なく発生する費用となる。例えばレストラン経営で家屋の費用が1か月100万円であったとしよう。この額は客数の増減にかかわらず一定である。もし1か月の見込み客数が1000人であれば，1人当たりのメニュー価格の内に1000円を含めなければならない。2倍の2000人であれば500円を，3倍の3000人であれば約333円を，という具合である。この変化は固定費（a）を生産量（x）で割ったものであるから，生産量（y）の変化は「y=a/x」となり反比例の式となる。

以上は「5.費用便益モデル」で詳しくみることとしよう。

5. 費用便益モデル

産出量に対する1個当たりの生産費用の変化は，可変費用（VC: Variable Cost）と固定費用（FC: Fixed Cost）の合計となる。可変費用は，投入量の変化によって費用が変化するものをいい，投入量が変化しても費用が変化しないものが固定費用である。

生産量の変化に対する1個当たりの生産費用の変化と利益の変化を分析するのが費用便益モデルである。その全体像を図表2-3に示す。図表が示すように1個当たりの販売価格が一定の時でも，生産量の変化によって1個当たりの費用は変化する。よって生産性を最大化する最適生産量が存在する。これが生産量の規模，またそこから組織の規模には最適値が存在するということがわかる。これが中小企業の存在理由の有力な理論的根拠の一つだ（杉田 1967）。

費用便益モデルをもう少し詳しく見ていこう。FC÷数量＝平均固定費用といいAFC（Average Fixed Cost）と表す。またVC÷数量＝平均可変費用といいAVC（Average Variable Cost）と表す。FC+VC=総費用といいTC（Total Cost）と表し，TC÷数量＝平均総費用といいATC（Average Total Cost）と表す。各生産数量のTCの差を限界費用といいMC（Marginal Cost）と表す。

図表2-3では，製品の1個当たりの市場価格（P）が150であるとしている。ここでは，同一の財を複数の企業が生産し，販売市場で競争していることを前

提とする。その時，企業は他のライバル企業と価格競争の状態にあるため，販売価格は自己都合で決めることができず市場が求める価格で販売している。生産量が変化しても1個当たりのPは150で変わらないので，図表中では横線となる。このPとATCの差が“1個当たり”の利益になる。例えば10個生産し販売すれば150×10=1500が総利益になる。

10個生産販売した時の費用の合計はATC150×10=1500となる。ここでは損益0となる。この場合，利益が最大化するところはどこだろうか。MCがPと交わる点だ。

図表2-3を見るとわかるように，ATCは最初下がり，5〜6個あたりから増加し始める。その理由は，AVCとAFCの変化が相反するためである。生産量の少ないうちはAFCの減少幅が大きくなる。これは反比例FC/xであり，これを拡散効果（spreading effect）という。一方でAVCは一貫して増加している。AFCの減少効果が大きい4あたりまではATCは減少していくが，6以降はATCが増加していく。

このように利益を最大化する最適生産量が存在し，それ以上に生産量を増やしていくと，ある数量以上では利益がマイナスとなる。

6. 企業の大規模化に必要な生産要素

費用便益モデルをみればわかるように，利益を最大化する生産量があるため，生産量を闇雲に増やせばよいとは言えない。また，生産工程の工夫によって生産性を高めるということは同じ生産要素の量をもってより多くを生産することである。つまり，費用便益モデルでいうと生産量の増加を，より少ない生産要素量で実現することになる。これは平均可変費用（AVC）の増加が緩やかになるということだ。AVCの増加が少なくなるように分業などによって生産工程を工夫すれば，AVCの増え方が少なくなり，AVC線の傾きは小さくなる。そうすれば，ATC（AVCとAFCの和）のU字線は生産量が増加してもより平らになり，価格Pとの交わる線が右（生産量の増加方向）に移動する。

図表2-3　費用便益モデル

生産量	FC	VC	AFC	AVC	TC	ATC	MC
0	300	—	—	—	300	—	
1	300	30	300	30	330	330	30
2	300	80	150	40	380	190	50
3	300	150	100	50	450	150	70
4	300	240	75	60	540	135	90
5	300	350	60	70	650	130	110
6	300	480	50	80	780	130	130
7	300	630	43	90	930	133	150
8	300	800	38	100	1100	138	170
9	300	990	33	110	1290	143	190
10	300	1200	30	120	1500	150	210

※ATCの値は四捨五入

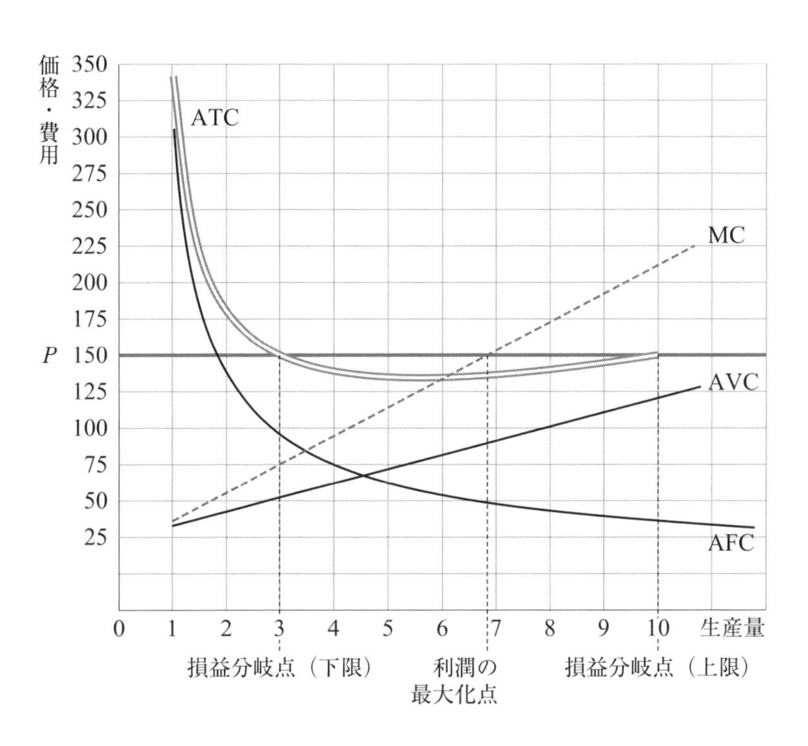

MC線の傾きも緩やかになり，利益の最大化点も右に移動する。これは生産性の向上が生産量の最適点を増加させたことになる。

さらに機械設備の投資により生産性が向上すると，1単位当りAVCの生産量が増加するのでAVCを減少させるのと同様となる。ただし機械設備はたいていの場合，固定費用であるから投資の増加分だけAFCが上昇する。AFCの上昇分を補うAVCの減少を実現できれば，その製品の生産工程の最適産出量はより多くなる。AVCの大きな部分を占めるのは人間労働である。よって機械設備の増加と人員削減が進むと最適産出量がより多量となる。

【注記】

(1) 生産性の詳細

生産性という用語は，会計学，経営学，統計経済学など様々な分野で使われているが，それぞれの分野，また論者でも微妙に異なっている。ここでは，「ある一定期間に生み出された生産量と，生産に使用した労働や機械設備（資本）などの投入量の比率で，生産活動の効率性を示す指標」を生産性とし，以下の文献を参考としている。

松浦寿幸「生産性とはなんですか?」『生産性Q&A』独立行政法人経済産業研究所，https://www.rieti.go.jp/jp/database/d05_ans.html

生産性とは，産出量/生産要素の投入量であるが，一般的に生産要素は大別して設備投資と人件費とその他の3つに分けられる。1つ目の機械装置・建屋等による生産性を「資本生産性（Capital Productivity: CP）」といい，2つ目の人間の労働による生産性を「労働生産性（Labor Productivity: LP）」という。さらに設備装置や労働能力が同じでも分業の在り方や情報技術との組み合わせによる組織全体のパフォーマンスや市場でのブランド効果によって差が出るため，生産性の合計は資本生産性+労働生産性+αとなる。このαの部分が3つ目のその他であり，「全要素生産性（Total Factor Productivity: TFP）」という。

様々な生産要素は，投入単位（個，Kg，リットル等々）も様々であるため全要素生産性の測定は困難となる。よって様々な生産要素財の変化率を測定することで単位を一元化できる。

TFP変化率=生産量変化率−労働分配率×労働投入量の変化率−資本分配率×資

本投入量の変化率−中間投入量分配率×中間投入量

ここでの「中間投入量」は原材料のことを指している。投入原材料を仕入れと考え，その限界費用がゼロ（すなわち数量によって変化しない）とみなせるので，付加価値率は，労働生産性と資本生産性によってのみ構成されるとみなせる。それら両生産性のシナジー効果をTFP変化率とみると

TFP変化率＝付加価値量の変化率−（労働分配率×労働投入量の変化率）−（資本分配率×資本投入量の変化率）

となる（Kindleの位置No.469-471）。

(2) もう少し詳細に説明すると次のようになる。例えば，ある1万5千円で販売する製品生産のために最も生産力の高い順に労働者を1人20万円の月給で5人採用した場合と，10人採用した場合を比較してみよう。ここでは理解しやすいようにその他の費用は考慮しない。さて，5人で1カ月に製品100個を生産すると販売金額は150万円となる。生産要素は100万円（＝5人×20万円）で売上が150万円なので，利益は50万円となる。

では10人採用した場合はどうであろうか。もし労働能力に特殊能力や熟練を必要とすると，その労働能力は希少性が高くなり同等の労働能力を持つ労働者の採用人数を増やすのは困難になる。よって採用人数を増やすには1番優秀な労働者よりも能力が劣っていても採用することとなるため，10番目の労働者は1番目の労働者よりも熟練度が低くなる。それを理解したうえで生産量はどれくらい増やせるか考えてみよう。

5人（100万円）で100個（150万円）生産できた時と比べて，10人（200万円）で200個は生産できない。

解りにくい場合は労働者を2つのグループに分けて考えてみてはどうだろう。まず最も生産力の高い順に1番から5番の5名の第一グループと6番から10番の5名の第二グループに分ける。2つのグループの月の生産量を考えよう。第一グループが100個生産できるとき，生産能力の劣る第二グループは100個生産できず，例えば90個（135万円）となるだろう。よって10人採用しても5人で生産できる生産数の2倍とはならない。この例でいくと，5人で150万円生産できるが，その2倍の10人では300万円は生産できず，285万円しか生産できないことになる。

第3章 大企業の登場と中小企業の存在理由（取引費用編）

1. チャンドラーの大企業研究

前章で，分業が生産力を増大するということはその後の比較優位論や科学的管理法で詳しく研究されているが，それが人類を豊かにし幸せにしたかというと，その点は賛否両論がある。しかし，人間はつらいことを嫌い豊かで幸福になることを好むものであるとすれば，結果的に人類は紆余曲折しながら分業を進めてきたのであり，人類は分業を選んだことになる。また企業規模についてアダム・スミスの分業論からアメリカの企業経営の歴史を研究し，大企業が登場した原因および理由を分析しようとしたのがアルフレッド・デュポン・チャンドラー（Chandler, Jr. Alfred DuPont）だ。

今日，アメリカ合衆国は中国に追い上げられながらも，地球上で最大の経済力を誇り，最も豊かな国だといわれている。その点は賛否の議論のあるところだとしても，日本をはじめとして多くの国がアメリカに追い付け追い越せと経済活動に励み，社会主義を国是とする中国でさえアメリカから技術を輸入し，アメリカへ多くの工業製品を輸出して生産力を高めた。このことを考えると，幸せになれるかは別として，アメリカを真似し競争目標とする部分が多いことは事実だろう。現に曲がりなりにもドルは世界の基軸通貨であり続けている。特に日本は経済では戦前から欧米に学び，戦後はGHQの支配下で経済を再建してきたことから，アメリカで大企業がどのように登場してきたかを知ることは，日本の大企業を，また同時に中小企業を理解する上でも役に立つ。

2. アメリカでの大企業の成立とその条件

さて，チャンドラーの研究によると，1840年代までは，アメリカの企業はすべて中小企業だった。彼によると近代の大企業は一定の環境条件においてのみ実現可能である。それはどのような条件か。チャンドラーの研究を考察しながら，現代アメリカの企業データに現れている現状を推察してみる。

チャンドラーによると，合衆国における企業の発展は大きく3つの時期に分けられる。

1. 18世紀後半の国民経済の形成から1840年代まで
   市場拡大が事業の分業化を促した。この分業化は，次々にこの国の基幹的な事業制度の設立を助けた。
2. 1840年代から第一次世界大戦（1914〜1918年）
   新技術が輸送，生産，流通の過程を変革し，近代的に統合された複数事業単位企業の成長を促した。
3. 1920年代から今日
   複数事業単位企業がほとんどすべての経済部門に出現した。製造業，流通業ではそれらの企業は，新しい製品ラインや海外新市場へと多様化することを通じて成長しつづけ巨大になり，非人格的な経営者企業がアメリカのほとんどでの部門で支配的になってきたのは，この第三期であった。

上記3点についての考察を以下にまとめると，
「アメリカの企業は建国当初から1840年代まで，その規模や経営内部の業務にはほとんど変化がなかったのだが，その間，活動はしだいに専門化されていった。この頃企業は，アダム・スミスの定義づけた分業と市場拡大の関係という方法で発展していた。アメリカ市場が拡大するにつれ，企業はしだいに専門化され，機能はひとつだけ—つまり，生産，流通，輸送，金融，その他のサービスなど—を営み，またひとつの生産物やサービスだけを扱うようになってきた。1840年代以前の企業の発展は，制度的な分業化の一つであるといえよう」（Chandler 1978, p.8）と指摘する。つまり1840年代までのアメリカでは，特定の財やサービスの拡大につれて生産工程に沿って分業が進み，工程の特定の部分が企業として独立し，中小企規の企業となって登場し，その数を増やしていった時期である。

その後「1840年代以降，この過程は主として制度的な統合となった。つまり，それは，いくつかの事業単位の活動の結合と統合である。‥‥中略‥‥1900年までの間に，アメリカの企業の多くが複数の事業単位となり，また多職能化もしてきた。ひとつの企業がいくつかの製造部門だけでなく，たくさんの販売，購買，鉱山，輸送などの部門も運営するようになっていたのである。20世紀になると，そうした多職能企業は新産業に進出して，自らの製品ラインを多様化したり，海外に進出して市場を拡大したりしはじめた」（Chandler 1978, p.8）。つまり1900年頃には，専門化した工程が中小企業として増加から転換し，一つの企業が工程に沿って分割された専門作業を一つの組織として垂直統合しはじめた時期である。同時に水平展開し他の製品も生産する多角化を始めるが，それを自社に内部化した流通網を利用して販路を拡大していった時期である。

さらに産業によって異なった展開が始まる。それは複雑な原価計算への対応によって発展した。例えば繊維産業では，1種類の原料を購入し1～2種類の生産物を産出するに過ぎず，またその価格は国際市場で決められていたのに対し，「鉄道は莫大な数の商品を扱ってその代金を定めなければならなかった。価格は部分的に2～3の競争企業によって相場が定められただけにすぎなかった。原価計算も，繊維工場のものよりははるかに難しかった。‥‥（途中略）‥‥こうした理由から，近代的な原価計算は―合衆国では―初期の繊維工場や製鉄プランテーションにではなく鉄道で始まったのである」（Chandler 1978, p.48）。

莫大な設備費と，その固定費の管理等の財務管理技術の向上，多くの労働者を管理する組織管理の向上，巨大化する組織における上級管理者，中級管理者の育成と地域組織の自律的経営が進み，これらの組織革新が大企業を実現させた。

「市場の拡大による大量流通が組織革新だけを必要としたのに対し，工程の分業を必要とする大量生産は技術革新と資本設備における広範な投資を必要とした」(Chandler 1978, p.66)。よって大量生産とは，単に専門化した工程を統合して一つの工場で生産するということにとどまらず，より速いスピードで連続して，大量に生産させることができる技術を促進したのである。

このようにして大量生産技術の進歩と，科学的管理法による組織革新が大企業を出現させた（Chandler 1978, pp.66-74）のである。その歴史的変遷をみると，第一次世界大戦以降の近代企業は「分権性管理組織」と「研究開発と多角化戦略」という新しい手法が加わり，企業規模を大きくさせた（Chandler 1978, p.109)。さらに，第二次世界大戦以降には，「統合多角化企業」「階層性企業の支配」「海外事業活動の発展」という新しい手法が加わり，企業規模を大きくさせた（Chandler 1978, p.119）のである。

3. 大企業の成立に不可欠な条件

18世紀までは，今日の中小規模企業が通常の企業規模であったことがわかる。そして今日の大企業といわれる規模に巨大化するためには，増大した生産財を吸収する市場の拡大が必要であったこと。また生産力の増大は生産スピードの増進という形で進められたことである。よって大企業の成立条件を満たすものは，工程の分業と，それを一つの組織として統合する「組織技術」が必要であったことにある。いかに生産技術を革新しても，企業の巨大化を実現するには，組織技術の発展が不可欠である。組織の拡大は，組織技術を導入するコストがかかるのだが，その点は，次節で詳しく分析する。

ここでは，産業による企業規模の違いは，その分野の市場の規模によって影響されるということを指摘しておきたい。またその規模に対し生産分業の専門化の進展に伴った工程数の増加を束ねる組織技術の発展が必要であったことも重要である。国別の中小企業の割合は，組織外環境としての市場の規模と，組織内環境である組織技術と大量生産技術の反映とみることができるのである。

4. 市場と組織の効率性をめぐる研究

経済合理性の観点から生産活動を検討すれば，理論的には分業の進展は，社会的分業すなわち市場競争取引により社会全体の効率性が高まるはずである。これは1960年代の冷戦時代[(1)]における中央計画経済と自由市場経済の論争が示した経済制度の効率性論争である。1980年代のソ連邦で起きた社会主義国家制度の崩壊と自由市場経済体制への移行により，自由市場経済の効率的優位性が歴史的実験として実証されたとみなされるようになる。同時に，資本主義国家内においてもイギリス等では揺り籠から墓場までを国家が福祉として保証する財政の巨額化によって国家が生活を保障しようとする制度が見直され1980年代以降，新自由主義政策といわれる国営事業の民営化が進んだ。この根本にあるのが市場競争での自然淘汰による効率的生産活動の実現であった。

経済効率性は市場競争によって実現されるという認識が広まったこの時代の真っただ中，1991年に市場経済万能主義に疑問を呈する1つの経済理論がノーベル経済学賞を受賞する。それは「取引コスト理論」といわれ1937年にコース（Coase, R.）が発表した論文「企業の本質（The Nature of the Firm）」である。自由市場競争が効率的となる理論が組み立てられている基本は，売手と買手が取引する財の内容について嘘偽りなく全て理解していることを前提とした仮説にあった。

取引コスト理論とは，現実には買手と売手との間で完全に情報を共有していることはなく，まず両者は情報を調べる手間や費用を取引コストとして負担しているという現実を加味しなければならない。この取引コストを近代経済学の理論に当てはめた場合，取引コストが増加すると自由市場競争は経済効率的ではなくなるというものである。つまり極論を言うと近代経済学が示す自由市場競争における経済効率性を優位とみなす理論は，結局のところ市場取引以外の取引をすべて非効率とみなすことにある。だが現実には「企業」という組織があり，その内部では工程分業として取引成立しているのはその方が効率的だからである。組織と市場のどちらが効率的かを決定しているのは取引コストの大きさによるのだということだ。これはジョージ・スティグラー（George Joseph Stigler）によってコースの定理と呼ばれ，市場効率性一辺倒であった経済学理論のその後に大きな転換をもたらした。

その後，アカロフ(2) による情報の非対称性による市場の不完備論とその対策や，ウィリアムソン（O.E. Williamson）による企業の資産特殊性と機会主義によるサンク・コストとリスクの負担をも取引コストに含めると，取引コストを節約できる組織に内部化する方が市場取引よりも効率的となる条件を示せる。これらにより自由市場一辺倒の経済理論からの転換が見直され，独立した組織でもありつつ，長期に信用取引を行う企業グループ等の中間組織の現象なども理論として示されるようになる。

取引コスト理論の発展は，企業の存在理由だけでなく本質を理論化した点で，中小企業研究の分野へ与えた影響は大きい。経済制度の効率性は，個人事業主へと向かうのでもなく，少数の巨大企業へと収斂していくものでもなく，製品や市場における情報コストも含めた取引コストと組織化コストとのバランスによって，生産組織である企業組織の最適規模が存在するという（安室 2009）理論的根拠を与えることとなった。

チャンドラー（1962）やトンプソン（1976）は，不確実性の源泉である技術や環境に応じた戦略を策定し，それに従った組織を形成することの重要性を説いた。企業行動は，各選択肢で生じる企業家が予測する間接的なものをも含んだベネフィットとコストの差（期待純利益）の大小関係で決せられるとみなすこともできる（越後 2003）。

環境変化や技術の変化による取引コストと組織化コストのバランスは時間とともに変化する。現在の最適値が，環境と技術の変化によって次の時期にも最適であるとは限らない。よって，巨大化した組織によって最適が実現している時点でも，その投資金額を回収するよりも短期間に環境変化と技術の陳腐化が起これば，それまでに投資してきた開発費を含めた技術と設備への資金は，埋没費用（サンク・コスト：sunk cost）となって回収できなくなってしまう。環境と技術の変化が短期化すると，それまではリスクとはならなかった費用バランスがリスクとなるのである。変化により組織費用の巨大化自身が相対的にリスクを高めてしまうのである。

パソコンはIBMやソニーでは高利益を生んできたが，パソコン部品のモジュール化が進展し，機能の差別化が困難になり過当競争による価格競争へと市場環境が変化すると，IBMはパソコン部門を売却し，ソニーは分社化してしまった。パナソニックは太陽電池部門を売却した。今日の多くの企業は，複数の事業体からなっており，状況に応じて事業の統廃合や買収売却を頻繁に行っている。トヨタ自動車は自動運転システムの自前開発への投資の巨額化と時間競争によるリスクから他社との企業間提携による開発の道を選んだ。このように大企業はその組織内におけるリストラクチャリングを頻繁に繰り返しており，決して固定化された企業体ではない。よって新製品開発や部品生産を内部化するよりも外部企業にゆだねた方が効率的であることも多いのである。

中小企業においても特定の企業のみに部品を供給することはリスクとなる。特定の部品にしか通用しない特殊な技術や設備（資産特殊性）は，取引先が約束の数量を買い上げてくれないと埋没費用となってしまう。この場合，ウィリアムソンによると大企業への内部化や長期的取引のための中間組織（系列化，グループ化）がないと中小企業は容易には同意できないであろう。よってこの取引にメリットを感じた中小企業は，大企業からの資本投資を受け入れたり系列化して役員を受け入れたりすることになる。

一方，独立志向を持つ経営者であれば，同じ条件であっても資産特殊性への少しの改良やオプションを開発して別の企業の製品に活用できる能力を持つことで，中間組織に入らずに「範囲の経済」効果を享受できると考えるだろう。

5. ペティ＝クラークの法則

長期的な視点に立って環境の変化をみる場合，ペティ＝クラークの法則は有効である。ペティ＝クラークは，農林水産業のような第一次産業から製造業を中心とする第二次産業，そして第三次産業へと産業の中心が移っていくと述べたが，日本の産業構造は，まさにこの法則の通りに推移してきた（宮川 2018, Kindleの位置No.459-461）。アメリカの経済学者ウィリアム・ボーモル（Baumol, William J.）は，第三次産業を広義のサービス業と位置付けた上で，通常，サービス業の生産性は，製造業の生産性よりも低いという性質を明らかにした。ボーモルの指摘は，製造業が生産性を向上させるために雇用吸収力を失い，労働集約的なサービス業が多くの雇用を抱えるために起きる現象であり，日本だけでなく世界各国にみられる現象である（宮川 2018, Kindleの位置No.491-493）。

IBMがコンピュータのメーカーからコンサルタント会社へ移行し，ソニーがエンターテイメント事業の比率を拡大しているように，多くの企業が物質的財の生産から知識の生産・創造へと事業内容をシフトさせている。ソフトウェアやゲームアプリソフトでは中小企業の比率が大きい。企業の資産に占める無形資産の割合も増大している。データ駆動経済という言葉がマスコミでいわれるように，データそのものが価値を持つようになってきた。もちろんビック・データは巨大なインフラ設備とネットワークを持たなければ収集できないので大企業の独占的市場となるだろう。だが，そのデータはそのまま入手しても役に立たない。事業に活用できるようにデータを加工し分析する多種多様な事業が必要となる。自作AIを活用して売上を伸ばす小規模ラーメン店や居酒屋も現れてきている。巨大情報インフラの実現と共にそれを活用する小規模で多種多様な企業の機会もまた増えているのである。

6. プロダクト・サイクル論

プロダクト・サイクルとは，新製品が発売されてから時間がたつにつれて，売上と利益に起こる変化を示す。まず導入後，生産コストの削減により利益が拡大する。次に市場での競争製品の増加による販売量の減少や価格競争による販売価格の低下による利益の減少が見られる。このように製品の生産・販売には導入（開発）—成長—成熟—衰退がみられることをいう[(3)]。

図表3-1　プロダクト・サイクル論

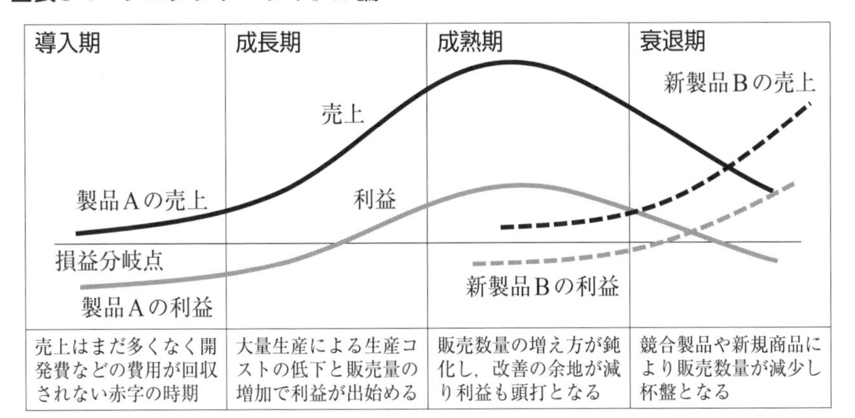

図表3-1の製品Aは導入期は損益分岐点以下で利益は出ないが成長期の量産効果で利益を出しはじめ成熟期が利益のピークとなって衰退期に利益が減少しさらにマイナス利益となる。それを見越して，製品Aの成熟期に，その利益を新製品Bの開発，導入へ投入しておけば，製品Aの衰退期に新製品Bが成長期を迎えることで，製品Aの利益減少を補いつつ，さらなる新製品Cの開発資金を確保できる。このようにモデルチェンジや新製品の開発は経営の持続可能性にとって重要となる。

プロダクト・サイクル理論を応用した理論には，米スタンフォード大学のエベレット・M.ロジャース（Rogers, Everett M.）の『イノベーション普及学』（1962）によるイノベーター理論やジェフリー・ムーア（Moor, Geoffrey A.）の『キャズム（Crossing the Chasm）』（1991）で示されたキャズム理論などがある。

7. プロダクト・ポートフォリオ・マネジメント（PPM）

複数種類の製品を開発し生産している企業が，複数種類の各製品のプロダクト・サイクルに基づいて，市場浸透（市場占有率）や新規市場開拓（市場成長率）に対応して販売促進活動や新製品開発を行う時，限られた資源の配分と投入時期を分析する手法が必要となる。プロダクト・ポートフォリオ・マネジメント（PPM: Product Portfolio Management）とは，市場成長率や市場占有率のマーケティング情報から，製品を分類し最適な資源配分の戦略立案を行う時に使用する分析手法である。1965年にボストン・コンサルティング・グループ（BCG）の創始者であるブルース・D. ヘンダーソン（Henderson, Bruce D.）がゼネラル・エレクトリック（GE）社と開発した。GEは多様な製品を生産しており，各製品の売り上げと資源投入のバランスの最適化を図っていた。これが1970年代に，製品群の増大や多角化に対処しようとしていた企業に注目されるようになった（井原 2008, p.230）。

PPMは市場成長率を縦軸に，相対的市場占有率を横軸にした4エリアに独特の名前を付け分析する（図表3-2）。「成長率：高，占有率：高エリア」を花形製品（star），「成長率：低，占有率：高エリア」を金のなる木（cash cow），「成長率：高，占有率：低エリア」を問題児（question mark），「成長率：低，占有率：低エリア」を負け犬（dog）というようにである。市場成長率は，その製品市場の今後の成長率を示し，相対的市場占有率は，市場においてトップ（1位）シェアを持つ企業を100%として，自社のシェアがトップシェア企業の何%に当たるかを示す（Henderson 1979, 訳書p.236; 日本経営協会 2015, p.67）。

「花形」に該当する製品（事業）は，成長のために今後も多くの投資を必要とするが，収益力も高いものである。「金のなる木」は低成長ゆえに今後の投資をあまり必要としないにもかかわらず，市場占有率が高いので高い収益がある。「負け犬」はライバルにも負けて市場の将来性もないので撤退する必要がある。悩ましいのは「問題児」である。「問題児」は，市場成長率が高いが市場占有率が低いので，ライバルに負けているということである。よって，やり方次第では市場占有率を高めて高い収益を見込めるので，投資をすれば「花形」製品（事業）となる可能性（図表3-2中のC）もあるが，一方で投資を縮小すると「負け犬」になること（図表3-2中のD）も予想される。

図表3-2　PPM

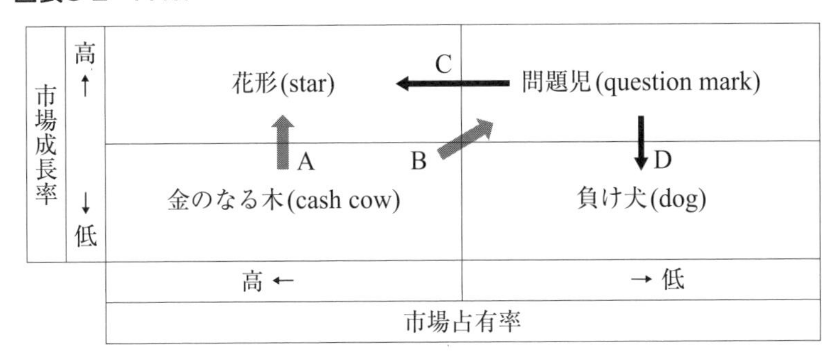

出所：Henderson (1979)，邦訳p.92を参考にした。

PPMでは，このような分類からどの製品（事業）に資源を集中し，どの事業から撤退するかを視覚的に理解できる。また収益源と投資先を組み合わせて資源配分を計画立案しやすい。例えば，図表3-2中のAは「金のなる木」の収益を「花形」へ投資する。図表3-2中のBは「問題児」の内容を精査し，さらなる投資か，それとも撤退かを決定する。「負け犬」は縮小撤退の計画を立てる，という具合にである。このように多角化経営における事業構築戦略を説得的に立案できる。だが反面，「負け犬」であっても他社が撤退する一方で伝統的ブランドとしての認知があったり，シナジー効果によって他の事業に利益をもたらしている製品（事業）であったりすることも考慮する必要がある。

【注記】

(1) 冷戦は，ソ連邦（当時のロシアを中心とした社会主義国家群）や中国等の社会主義諸国が構築しようとした中央計画経済と，日米西欧等の資本主義諸国が構築しようとした自由市場経済のどちらが効率的であるかをめぐって経済学理論における論争を生み出した。

(2) ジョージ・アーサー・アカロフ（Akerlof, George Arthur）は，情報の非対称性によって市場が成立できないことを中古車市場を例に数学モデルで示した「レモン市場」の理論によって，マイケル・スペンス（Spence, Andrew Michael），ジョセフ・E・スティグリッツ（Stigliz, Joseph Eugene）等とともに2001年にノーベル経済学賞を受賞している。

(3) 藤原貞雄（1973）によるとヴァーノン（Vernon, R.）（1966），ヒルシュ（Hirsh, S.）（1967）など数名の学者によって論じられている。

Vernon, Raymond (1966) International Investment and Indernational Trade in The Product Cycle, Quarterly Journal of Economics LXXX, No.2, May, Seev. Hirsh, (1967) Location of Industry and International Competitiveness.

このアイデアは，すでに国の経済発展に伴う産業構造の変化を一般理論とした赤松要（1896～1974）が提唱した雁行形態論（flying geese pattern of development）によって示されていた。

第4章 日本における中小企業の歴史

1. 日本の中小企業の競争力

平成18年（2006年）中小企業白書では，日本における中小企業を次のように分析している。「我が国製造業の強みの源泉は，「モノ作り基盤技術」を持つ中小企業群と，最終製品を提供する大企業等との密接な連携（「摺り合わせ」）にあり，最先端の戦略製品の開発も，この「摺り合わせ」の中から生まれてくる」。一方，経済のグローバル化の中では「特に中小企業は，海外進出に際して，必要な情報の収集能力の不足等，大企業に比べて一層の困難がある。このため，海外に進出する中小企業の不測のリスクを軽減し，上記変革プロセスを円滑化するための環境整備が必要となる」としている。

中小企業の「基盤技術」による部品生産と，その部品を使って消費財を大量生産し消費者へ販売する大企業との分業による密接な連携が日本経済の生産構造の基本となっている。

今日の日本において，大企業との「密接な連携」により重要視される中小企業への評価は，どのように形成されてきたのだろうか。

嘉永6年（1853年）にマシュー・カルブレイス・ペリー（Matthew Calbraith Perry）が率いる東インド艦隊が東京湾（当時江戸湾）入り口の浦賀に停泊し，開国とアメリカとの通商条約の締結を求めた。この黒船来航といわれる事件をきっかけにはじまった開国と江戸幕府体制の崩壊に続き，明治維新後の政治軍事の西洋式再編は，日本における経済の再編をもたらした。鉄道網の拡大と軍艦の建造を中心とした鉄鋼産業と石炭燃料の殖産興業政策が，国営大企業を設立させた。1760年代ごろからのイギリスにおける産業革命からほぼ100年遅れて日本産業の工業化は始まった。したがってチャンドラーが分析したアメリカにおける企業の発展とは異なって，国家主導の重工業と名家豪商を発展させた財閥等の商社業と，江戸時代から発展してきた絹織物工業が欧米への輸出産業として中小企業から発展してきた。その絹織物産業に外貨獲得を目的として国営企業も設立された。このように「富国強兵」を目的とした国家の主導で産業構造が形成されていく。

2. 日本の企業形成の歴史

阿部武司（2007）によると，日本では，幕末以来，政策的に近代産業の育成が図られたが，1855年における非農林業従事者563万7000人（全有業者25％）中，近代産業従事者は41万8000人にすぎず，第2次および第3次産業は，ほぼ在来産業のみから成り立っていたといっても過言ではない。

1886年の輸出拡大を引き金に89年まで保険，鉄道，紡績など近代産業の分野で株主から成る会社の設立が相次いだ。生糸をはじめ花筵（むしろ：花見のござ）・陶磁器・扇子・団扇等の在来産業製品と銅や石炭など鉱物資源の輸出が順調に伸び，近代産業が在来産業の発展に牽引されて生じたと考えられる（阿部，pp.88-89）。日本の近代産業は，銀行，保険などの金融業，鉄道，船舶などの運輸業と紡績業を中心とした製造業の発展過程を通じて定着した。

官営富岡製糸場ではフランス式の，前橋藩や小野組ではイタリア式の製糸技術の導入が進められ，富岡製糸場は技術の普及基地の役割を果たした（阿部，p.95）。日本の近代産業の中心を占めていたのが紡績産業であったことは1896年鉱工業上位50社の下記表を見るとわかりやすい。ほとんどが紡績企業で占められている（図表4-1）。

会社制度は，江戸時代にも三井や近江商人など一部では見られたものの，明治時代には，一般的には新奇なものであり，福沢諭吉や渋沢栄一など海外渡航経験者と政府によって熱心にその移植が図られた。1883年1793社から1889年2389社へ，株式会社に相当する「組合会社」が54％に達し，株式会社制度が一応定着した。「家族または同族によって出資された親会社（持ち株会社）が中核となり，それが支配している諸企業（子会社）に多種の産業を経営させ

図表4-1　鉱工業上位50社（1896年上期）

（単位：1,000円）

順位	会社名	総資産
1	鐘淵紡績	3,284
2	大阪紡績	2,413
3	三重紡績	2,245
4	北海道製麻	1,506
5	摂津紡績	1,436
6	岡山紡績	1,397
7	東京紡績	1,358
8	金巾製織	1,333
9	大阪アルカリ	1,309
10	尼崎紡績	1,264
11	王子製紙	1,230
12	浪華紡績	1,204
13	平野紡績	1,190
14	日本紡績	1,151
15	富士製紙	1,111
16	三池紡績	1,019
17	尾張紡績	908
18	第一絹糸紡績	786
19	天満紡績	749
20	泉州紡績	735
21	小名木川綿布	726
22	玉島紡績	704
23	倉敷紡績	703
24	朝日紡績	673
25	福島紡績	670
26	細倉鉱山	655
27	札幌製糖	643
28	千寿製紙	642
29	京都織物	639
30	東京製絨	627
	上位30社合計	34,310
		60.2%
31	下野製麻	614
32	名古屋紡績	610
33	久留米紡績	599
34	明冶紡御	587
35	岸和田紡績	547
36	大阪毛糸	539
37	大阪麦酒	511
38	東京石川島造船所	510
39	大阪製銅	494
40	郡山紡績	492
41	福山紡績	460
42	大阪硫曹	457
43	日本麦酒	440
44	大阪セメント	438
45	笠岡紡績	437
46	和歌山織布	426
47	熟皮	426
48	北海道セメント	407
49	堺紡績	406
50	磐城炭礦	401
	上位50社合計	44,111
		77.4%
	上位100社合計	56,986
		100.0%

〈参考〉運輸・電気・ガス上位10社

（単位：1,000円）

順位	会社旦	総資産
1	日本鉄道	32,867
2	日本郵船	18,330
3	北海道炭礦鉄道	12,896
4	山陽鉄道	10,698
5	九州鉄道	10,481
6	関西鉄道	7,053
7	筑豊鉄道	4,175
8	大阪商船	3,865
9	大阪鉄道	3,236
10	豊州鉄道	2,559

出所：産業政策史研究所（1976），阿部武司（2007），p.91より

ている企業集団」が現れ「大規模な子会社はそれぞれの産業部門において寡占的地位を占める」同郷の富豪が登場し1900年前後にそれを「財閥」と呼ぶようになった（阿部 2007, pp.103-105）。

さらに阿部武司（2007）は，チャンドラーが指摘する現代の大企業の特徴として，1.複数事業部，2.階層的管理機構，3.調整・監視活動を担う専門経営者（経営の専門家）の存在を指摘している。専門経営者の存在については，バーリー＝ミーンズ（Barle & Means 1932）が「所有と経営の分離」でその根拠を示している。そこでは投資に必要な金額が増加すればするほど，企業はより多くの株主を求める。一つ当たりの出資額を小口化し，広範囲に人々からの投資を可能とする。すると，株主数の増大による株式の分散が特定の株主の発言力を弱め「所有と経営の分離」が進む。彼らはこの仮説を調査結果によって立証している。日本でも戦時中には財閥傘下の各企業は軍部との直接取引を通じて参加企業の経営が所有者である財閥本部からの自律性を強め，分権化が進行していった（沢井 2007, p.248）。

橘川武郎（2007）では，戦後の日本企業には3つのタイプがあるという。(a) 経営者企業である大企業，(b) 資本家企業である大企業，(c) 資本家企業である中小企業である。(a) は，財閥本社の支配力が低下する中で，専門経営者が発言力を増し，第二次大戦後の財閥解体で本社機能が消滅した後の経営を担った。(b) は戦後の中小企業から大企業へと成長した資本家である。これらは消費関連部門という特徴がある。この時代の特徴は，「大衆消費社会」が大量生産消費財を求めていたことである。他方，既存大企業は財閥解体，独占禁止法や労働争議で大衆のニーズに対応するのに出遅れ，旧型製品事業の転換も必要であった。一方，新興中小企業はゼロから直接大衆ニーズに応じて大企業へと成長していったのだという。

第二次世界大戦の敗戦後に，アメリカ占領軍（GHQ: General Headquarters）の政策によって軍事産業を中心とした重化学工業と財閥は解体され「富国強兵」のための産業構造は崩壊した。NHKスペシャルによると戦時中に兵器開発のために設立された東京帝国大学第二工学部内での研究の成果が，戦後には

図表4-2　戦後の代表的資本家経営者

戦前においてすでに地方財閥や中小財閥を形成していたもの	戦前に財閥を形成しなかったが戦後著しく発展したもの
豊田（トヨタ） 石橋（ブリヂストンタイヤ） 大原（倉敷紡・倉レ） 安川（明治鉱業・安川電機） 鈴木（味の素） 中埜（中埜酢店） 茂木（キッコーマン） 小坂（信越化学） 伊藤（松坂屋）など	松下 松田（東洋工業） 本田 山岡（ヤンマー） 出光 鹿島 大林 鳥井（サントリー） 武田 中部（大洋漁業） 蟹江（カゴメ） 小林（ライオン歯磨）など

出所：森川（1981），橘川（2007），p.337より

卒業生たちによって民間産業で非軍事製品に応用され，自動車，電機等の大衆消費財などで国際競争力のある製品を開発していった。大量販売によって促された設備投資と雇用の拡大がまた大衆消費財の需要量を増やし，それがさらに設備投資と雇用の拡大を促すという拡大再生産の循環が実現していく（NHK 2015）。100年遅れで出発した日本の工業化は，敗戦という壊滅的破壊をくぐり抜けて，エズラ・ヴォーゲル（Vogel, Ezra F. 1979）が指摘するように日本企業の経営技術が一時的にせよ日本経済を世界1位へと押し上げた要因となった。

ヴォーゲル（1979）は，日本企業が国際競争力で秀でているのは，日本独特の経営方式にあると分析した。これが後に日本的経営と呼ばれるものである。欧米にはない日本経営の特徴は，「終身雇用，年功序列，企業内組合」であるという。これら3つにみられる共通点は日本独特の雇用方式，すなわち日本的雇用方式としてまとめることができる。

日本企業の歴史的特殊性については，橘川武郎（2007）によると，日本企業には財閥解体から生まれた既存の大企業，戦後高度経済成長の大衆消費財生

図表4-3　戦後日本の人口移動と商店街の形成

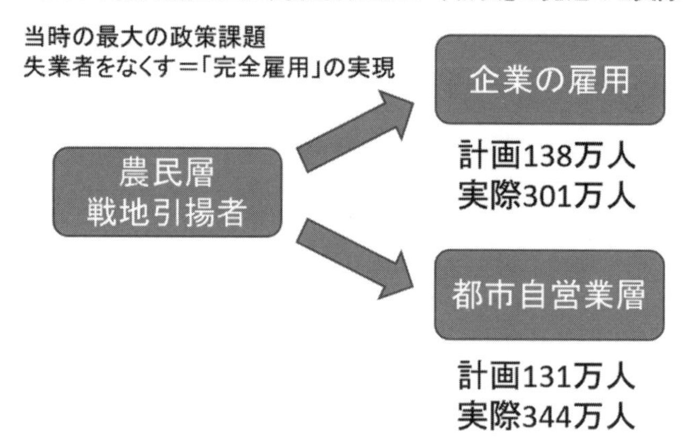

出所：新雅史（2012）『商店街はなぜほろびるのか』光文社新書，pp.104-107

産を担い中小企業から大企業に発展した大企業，そして戦後高度経済成長のなかを中小企業として経営してきた中小企業の3つのタイプが，日本企業の典型であった。日本的独特の雇用方式は，「基本的には大企業のみに当てはまった。中小企業では，一定期間働いて技術を身に付けたら会社を辞めて独立するキャリア・コースのほうが標準的であり，労働組合もあまり組織されていなかった。日本の大企業と中小企業は，それぞれ別の世界を形成していたのであ」（橘川 2007, p.341）る。

以上の研究にもう一つ加える重要な研究がある。商店街である。新雅史（2012）によると，戦後日本政府の最大の政策課題は失業者をなくすことであった。日本全国にあふれる失業者を大都市の近代的製造業による工場が吸収することを期待したが，国際競争に勝って外貨を稼ぐには，製造業の生産性を上昇させる必要があるので，製造業への雇用負担を期待できなかった。大企業は近代設備によって労働生産性を高めるために，売上額の増加ほどには労働者の数は必要なかった。労働生産性を高めるには少ない労働者で多くを生産する必要があるからである。よって大企業だけでは失業者をすべて吸収できなかった。また機械的で非人間的労働環境に馴染めない若者も多かった。彼・彼女らは農村から都市に仕事を見つけに来たものの，企業に従事せず自営業として商店街を形成していったという（図表4-3）。これもまた中小企業の大きな勢力として存在していた。しかし，商店街が無秩序に拡大することは小売業の生産性を悪化させる。そこで商店街をコントロールするために「商店街振興組合法」で小売店を組織化した。このように形成された小さな商店の集まりとしての商店街は，1990年代以降に郊外に登場したダイエー，伊藤ヨーカ堂，イオンなどの大店舗との競争に敗れ，一部はコンビニエンスストアの傘下などへ吸収されていった。今日，崩壊した商店街の再興はコミュニティーの維持と「まちづくり」にとって大きな課題となっている。

第5章 二重構造論とその背景

1. 戦前から引き継がれた二重構造問題

日本経済は，近代化の出発点から中小企業と大企業との間で二重構造を内在させていた。日本における大企業と中小企業の賃金格差は1914年の1.5倍から1932年には2.2倍へ拡大していく。この理由を清成忠男・田中利見・港徹雄（1996, pp.39-46）は次のように分析している。

まず，明治維新（1967年）以降の日本における近代銀行制度の発達の遅れがある。銀行制度の未発達が中小企業への資金融資が不十分なものとした一方で，未成熟な中小金融機関から大銀行へ資金が集中し，それが大企業への資金集中となった。資本集約を進める大企業とそれができない中小企業での生産性の格差が賃金格差を生み出した。また技術力の高度化は，企業間を渡り歩く「渡り鳥職人」による汎用的技能では不十分となり，大企業内部での特殊で高度な技術の養成のために熟練労働者を長期に抱え込むことで，配置転換と昇進を特徴とする内部労働市場を形成していった。

1910年代の第一次世界大戦中は海外からの産業機械の輸入が困難となり，日本国内での産業機械の代替により工業と化学工業が発展し，日本産業の重化学工業化は急速に発展する。重化学工業に必要な資本量の確保が中小企業では困難であったため，大企業による寡占構造が生まれる。中小企業は繊維・雑貨製品の生産が中心となり，大企業は化学・金属機械の生産が中心となる二重構造が形成されていった。

大企業では「職業学校」と企業内訓練（OJT[(1)]）による技能工の内部養成制度を確立していく。養成された熟練職工の外部転職を防ぐために年功賃金制度や終身雇用制度という労務管理制度が確立していく。一方，中小企業での繊維・雑貨製品製造は比較的低技能労働能力で済むため求人者数は多く，また不況や農業部門からの過剰労働力の流入によって，賃金の押し下げ圧力から大企業との労働条件の格差が広り，かつ大企業と中小企業との間での賃金格差と必要とされる技能の違いから労働力移動の流動性は失われた。

2. 戦後の二重構造論の特徴

第二次世界大戦後の大企業と中小企業の存在理由をめぐる理論的根拠は，戦前の「二重構造」の延長線上で議論された。斎藤孝（2015）によると，この議論には3つのタイプがあるという[(2)]。3つのタイプについての詳細は注1を参照されたい。ここでは簡単にまとめて説明しよう。まず3つの理論の中で有沢広巳の理論が有力である。有沢によると大企業は独占市場で販売しており，競争市場でよりも販売価格を高く設定できるので，利益率も高く（独占利潤と）なり，その資金によって高めの賃金を払うことができた。また終身雇用と年功序列などの賃金制度と手厚い福利厚生を維持できた。一方，中小企業は激しい競争市場で販売しているので利益率が低くなり，そのため賃金が大企業と比べて低くなる。日本企業の特徴は，一方に国家資本と結び付いた巨大な独占企業と，他方に前近代的な遅れた中小企業，農業が存在する二重構造が戦前から「戦後日本経済における基本的特徴」として受け継がれた。

1957年『経済白書』では有沢の主張に沿って，日本経済における中小企業と大企業との関係について次のような認識と将来予測を立てていた。日本では「一方に近代的大企業，他方に前近代的な労資関係に立つ小企業および家族経営による零細企業と農業が両極に対立し，中間の比重が著しく少ない」二重構造となっており，中小企業は「わが国の中の後進圏」である。この課題に対する対応として，「日本の人口は昭和45年以後，伸びが緩慢になり，60年に一億一千万人足らずで頭打ちになって，それ以後は減るという見通しがなされている。つまり，雇用問題の胸突き八丁は今後10年間なのである。この間はできるだけ高率の経済成長を保って年々の増加人口を吸収し，二重構造を少しでも改善の方向に向けるように努めなければならない。それ以後は増加人口の圧力が減るから二重構造の積極的解消をはかる余力が生じ，雇用問題を先進国と共通の基盤に立って取り扱いうるようになるだろう」（同書, p.38）と述べている。

つまり経済産業省の思惑は，1960年あたりまで増加する労働人口を大企業に吸収させ，一方，前近代的で生産性の低い中小企業には直ぐには手を付けないが，その後（昭和60年（1985年）以降には）労働力人口は減少期に入り，中小企業は市場原理により淘汰され企業数は減少するので，その減少による失業者数を大企業が吸収して，「先進国の共通の基盤に立って」雇用問題に対処できる，ということだ。

当時の経済白書の主張を植田浩史（2014）は次のようにまとめている。日本は，第1に雇用構造において農業と小零細経営部門の比重が高く，第2に近代部門からはみ出された労働力が，生産性が低い農業や小零細経営部門で「全部雇用」という形で吸収され，余剰労働力として存在している。第3に，そのため，農業や小零細経営部門では，労働生産性を押し下げ，大企業部門との賃金格差を発生させる。第4に，欧米先進国と比較して農業や小零細経営部門，自営業部門の比重が高い日本は構造的に生産性が低く，技術革新の波及効果も薄い。「二重構造は，生産性の上昇，GDPの拡大，技術革新の広範な普及の阻害要因であり，家族経営・小経営部門の縮小，二重構造の中間部分を担う企業群の創出などによる二重構造の解消なしに，日本経済の発展はあり得ないと考えられていた」（植田 2014, pp.26-27）。

では実際はどうであったろうか。1960年から1970年の高度成長期に，労働市場は求職者数を上回る求人数があり，需給が逼迫した人手不足状態となった。こうした状況に中小企業も賃金値上げで対応した結果，大企業との賃金格差がかなり縮小した。30年後の2000年には，中小企業庁は次のように高度経済成長期を振り返っている。「企業規模の違いは賃金等の格差の諸要因の一つに過ぎないこと，同程度の企業規模内部での格差の分散が中長期的に増加する傾向にあること等から，現在では，格差を巡る状況は大きく変化している」（中小企業白書（1999年版pp.54-71，2000年版pp.102-103））。つまり高度経済成長期を通じて中小企業でも近代的労使関係を採用する企業が増え，大企業との格差を解消する中小企業も現れた。よって，大企業と中小企業間の格差は，規模以外の他の様々な要因があると考えられるというのである。

3. 二重構造論の問題点

今日から振り返ってみると，この二重構造論ははたして現実を正しくとらえていたといえるだろうか。まず，この論調は，大企業＝近代的，中小企業＝前近代的という考えがあり，近代的であれば大企業になるはずだという考えである。日本の経済を発展させるには，生産性の上昇，GDPの拡大，技術革新の広範な普及の阻害要因である中小企業（特に零細企業）には，近代的な中規模企業によって吸収してもらおうというものだ。よって日本経済は独占大企業とそこへ部品を供給する中規模企業となる。これが「先進国の共通の基盤」であり，我が国の中の後進国は解消するというのが政策のシナリオである。しかし，現実には多くの中小企業が人手不足の中で生産性を上昇させるために設備の近代化を図り，賃金上昇の要求にこたえようと努力した。仮に中小企業が前近代的であったとしても自らを変革する力を持っていたのである。

また中小であること自体が前近代的であるとは限らないことにも注目しなければならない。二重構造論が前提としているパラダイム（物の捉え方）には，設備投資による生産性の高い大量生産の増大こそが「近代的」なのであって，それは企業の大規模化を必然的にもたらす。規模の小ささ自身が非効率なのであり「前近代的」な証であるという思考があるようにみえる。そこにはマルクス経済学の資本主義の発展と「資本の有機的構成」の高度化（資本における設備・機械の比率が上昇する）という歴史観が見て取れる。この説に従うと，経済が発展するとすべての企業は大企業となるということになる。現在，企業数で中小企業の比率が高いのは，もしかすると数百年後にすべての企業が大企業になるための途中なのであろうか。現在はまだ中小企業の淘汰の途中なのであろうか。または，逆にそうではなく，二重構造論自体の認識に誤りがあり，それが現実と異なっているということなのだろうか。もし，そうだとすると二重構造論のどこに誤りがあるのだろうか。

二重構造論の理論の根底には，市場を独占する大企業と，自由競争下で殆ど利益が出ずに消滅していく中小企業という構図がある。しかし，高度経済成長以降の現実はこの構図とは異なっているように見える。Google，Apple，Facebook，Amazon（GAFA）という大企業をほとんどの人はご存じだろう。これらの企業は中小企業（というより零細個人事業）として自宅やガレージで創業した。Microsoftもそうだ。もし二重構造論が正しいとしたら，これらの製品は大規模資本を持つ大企業の中から開発されて生まれてくるはずだ。しかしこれらGAFAに共通しているのは，アイデアに満ち溢れているが資金のない若者が自宅の一室でその思いを形にし，発明と試行錯誤を繰り返しながら商品化したという事実だ。彼らは一人で営業に回り，ついには大企業をしのいでいったのである。この事実からして二重構造論をよく見直して，未来の企業像を再検討してみる必要があるだろう。

もう一つ重要な点として，2020年代の今日，日本の大企業の中でも非正規雇用や派遣社員が増加してきたという事実だ。前近代的労働関係は，中小企業の中に存在するというのが二重構造論の前提にあった。しかし，今日の大企業の内部に二重構造が発生してきた点をどのように説明できるかである。さらに，近代的（といえるのかも再考が必要だが）終身雇用と年功序列が多くの日本の大企業で制度を解消しようとし始めている点である。例えば，トヨタやパナソニックをはじめ多くの大企業が終身雇用と年功序列型賃金を廃止したいと公言し始めている。またリストラクチャリングとして大企業では人員削減のための自主的退職促進も多くみられる。大企業が近代的で高い生産性であるならば，これらの労働政策は矛盾しているように見える。二重構造論から見ると逆行した現象と言えるだろう。これも合わせて検討しなければならないだろう。

佐竹隆幸（2008）によると「第二次世界大戦後の日本経済をはじめとして，先進国の経済発展過程においては重化学工業を基軸として大企業中心に急速な発展を遂げた。しかしこうした状況下においても，中小企業は消滅するどころか，大企業に対する比重をほぼ変えずに，むしろ大企業と併存してきた。この現実を踏まえて「大規模経済利益が存在する中で，中小企業がなぜ存在するのか」という問題意識が生じることとなる。こうした問題意識が「中小企業論」の共通課題となった」。「日本の中小企業は，高度経済成長という，後進的条件でもある資本不足かつ労働力過剰下において政府主導型の産業政策の下で急激な成長を達成した結果，国民経済の中で大企業に比べてはるかに多くの比重を占めるようになった」（佐竹 2008, p.18）のである。

高度経済成長期の1960～70年代には，一般機械，電気機械，金属製品，輸送用機器の4種類が日本の経済成長や輸出をリードした。「中小企業は部品，素材や設備の供給を通じて加工組立型産業の発展及び輸出競争力の強化に大きな役割を果たし」た（中小企業庁 1996, p.135; 橘川 2007）。その期間は中小企業の出荷額及び付加価値額も上昇していった。

さらに，21世紀の知識基盤社会では，企業によるイノベーションの分野は，巨額資本設備を必要とする分野以外にも多く存在する。そしてその志を支援する金融市場の高度化やクラウドファンディング，行政によるマネジメント支援，インターネットによるビジネスマッチング情報の普及は，企業の規模の大小とは無関係に新産業の創造の機会をつくりだしている。

【注記】

(1) OJTとはOn Job Training：「仕事をしながら仕事を覚える」の略

(2) 斎藤孝（2015）は二重構造論には3つのタイプがあるとして次のようにまとめている。

「第1に，戦前の出稼ぎ型労働力論を起源として発展した大河内一男や氏原正治郎らマルクス学派の伝統的な議論であり，大企業（近代）部門と中小企業（在来）部門のそれぞれの労働市場において制度的な相違があり，近代部門では年功序列や終身雇用制により労働者が企業内に定着する傾向にあるのに対して，在来部門の労働市場は流動的であることが賃金格差の要因であるとする議論である。

第2には，篠原（1959）や宮澤（1962）など近代経済学派からで資本市場の役割を強調する議論である。すなわち賃金格差の背後に生産性の格差があり，さらにその背後に資本集約度の格差があるという実証的な事実に基づき，資本の不足していた当時の日本において，大企業を優先的に育成すべき国家的要請と間接金融中心であった企業の金融制度が近代部門に有利な資本の配分をもたらし，資本集約度の格差が発生し，賃金格差につながったとする議論である。

第3は，マルクス学派であった有沢広巳と伊東光晴（伊東＝有沢モデル）の議論であり，賃金格差の要因として近代・在来部門における財市場の構造の相違に着目する議論であり，近代部門の独占的な財市場においては価格競争の欠如により高い価格と高い付加価値生産性がもたらされ，在来部門の非独占的な財市場では価格競争により低価格と低い付加価値生産性がもたらされ，これが賃金格差の要因となっているとする説である。

［伊東＝有沢モデルの概要］

伊東＝有沢モデルの特徴は，資本集中仮説が賃金格差の要因として資本集約度の格差に基づく物的生産性の格差を強調するのに対して，大企業部門の独占価格による付加価値生産性の格差を強調する点にある。

大企業部門（近代部門）と中小企業部門（在来部門）とがあり，前者の財市場は独占的，後者の財市場は競争的としよう。すると近代部門では製品の独占価格により超過利潤が発生し，在来部門よりも高い付加価値生産がもたらされる。近代部門の独占価格と超過利潤は，新たに参入しようとする資本がないために維持され，付加価値生産性の格差が長期にわたって存続することになる。

さらに近代部門の労働市場には強力な労働組合が存在するいっぽう，在来部門の労働市場は流動的であるとしよう。近代部門では労働組合がその交渉力により企業の超過利潤を獲得することになり，賃金格差が発生することになるのである」（斎藤孝 2015）。

以上が3つのタイプの二重構造論の概要である。

第6章 日本における産業構造の変化と中小企業

先進国の共通の基盤として高い生産性を実現することが期待された「近代的大企業」は1990年代に世界的に巨額の赤字や人員削減を頻発し始めた。後に振り返って，高度経済成長が終了したといわれる1970年以降に，主に日本にとって大きな転換点となる3つの象徴的な出来事が起きた。1つ目はオイル・ショック，2つ目はドル・ショックと円高，3つ目は東西冷戦の崩壊と中国の開放政策だ。これらの動きは，「近代的大企業」による経済成長という考え方に対して国の政策にも人々の考え方にも大きな転換をもたらした。

1. 経済の大転換

一つ目のオイル・ショックとは，1970年代にOPEC[(1)]の石油メジャーに対する交渉力が増して，石油価格が上がることで燃料価格が上昇し，世界規模で経済不況が起こる現象だ。このショックが高度経済成長を作り出してきた大企業による大量生産と雇用の創出に異変をもたらした。

高度経済成長をけん引した大企業は主に第二次産業に多く存在していた。第二次産業の中でも大衆消費財を製造する家電製品や自動車等は部品点数も多く，大企業の組み立てラインに部品を供給する中小企業も多い。みずほ銀行産業調査部（2013）によると，図表6-1「日本の産業構造の変遷」（みずほ銀行産業調査部 2013）でもわかるように1970年には第二次産業である製造業は43.1%を占めており，第三次産業と共に拡大傾向にあった。図表6-2「エンゲル係数と主な耐久消費財普及率」にもあるように洗濯機，冷蔵庫が1960年代後半から普及率が50%を超え，1970年代に入るとカラーテレビの普及率が50%を超える。1980年代を迎えると乗用車の普及率が50%を超える。一方，所得に対する食費の割合を示すエンゲル係数は1975年以降一貫して減少して

図表6-1　日本の産業構造の変遷

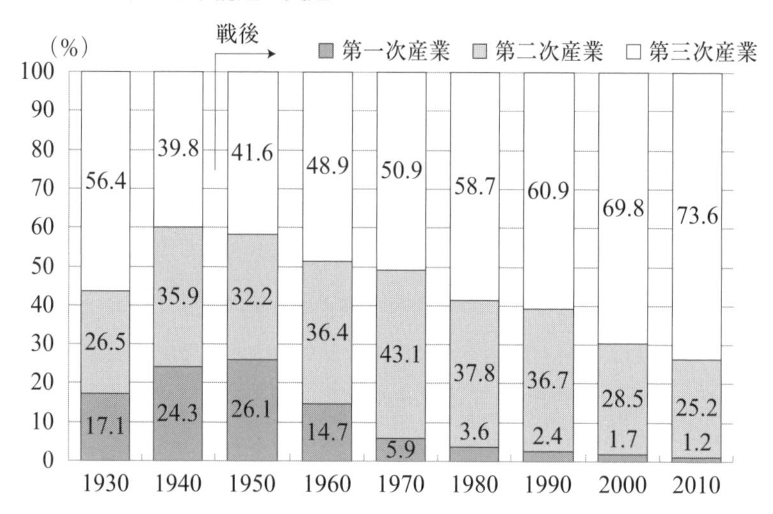

（注）1. 産業分類は以下の通り。
第一次産業：農業，林業，水産業
第二次産業：鉱業，製造業，建設業
第三次産業：その他
2. 1960年までは年度・国内国民所得ベース，以降は暦年・国内総生産ベース
出所：内閣府「国民経済計算確報」等より，みずほコーポレート銀行産業調査部作成

おり，家計において工業製品を購入できる余裕が生じていることがわかる。この1970年代以降に石油が高騰し始めたため燃料費の上昇に直面した家計は，燃費が安く価格の安い工業製品を求めるようになった。これはアメリカなどの主要貿易国でも同様で，高品質で安価な日本製品がアメリカの市場でシェアを拡大していく。特に小型で燃費の良い日本製自動車には人気があり，アメリカ製自動車のシェアを奪っていった。

2つ目のドル・ショックと円高についてみてみよう。日本企業の製品は高品質を維持しつつ，相対的に安価な労働力で貿易黒字を続ける一方で，アメリカの国際収支（流動性ベース）は，1950年以来57年を除いて一貫して赤字を続け，世界に流動性（ドル紙幣）を供給し続けてきた（経済企画庁（昭和46年）『年次世界経済報告』より）。つまりアメリカは日本やヨーロッパから工業製品

図表6-2　日本のエンゲル係数と耐久消費財の普及率

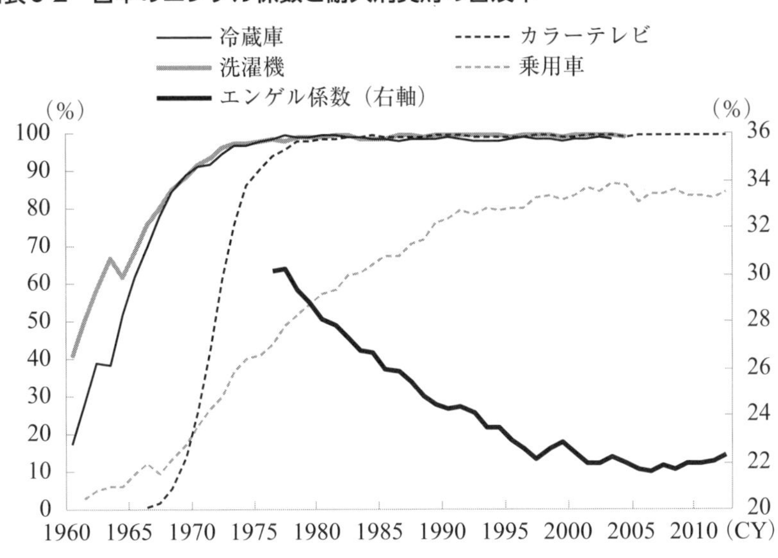

出所：内閣府「主要耐久消費財等の普及率」より，みずほコーポレート銀行産業調査部作成

を輸入し貿易赤字を出し続けてきた。するとアメリカの支払ったドルが日本やヨーロッパに累積して，ドルの価値が下落し，円の価値が上がるという円高となった。ついにアメリカは金兌換を停止し世界貨幣としての信頼を失っていく(がしかし現在においてもドルに代わる世界基軸通貨はない)。これをドル・ショックという。他方日本の円の信頼は増していくのだが，それはドルを貿易支払い手段とする世界中の国から見ると日本製品が値上がりしたことになる。

安価な労働力と高い技術力で低価格高品質な財を産出し競争力をつけてきた日本企業は，貿易黒字の結果としての円高に直面する。その結果，日本企業の製品価格は，ドル価格でみると上昇するため，生産費用の削減をもって輸出価格の高騰を抑えようとする。しかし，日本企業は国内の従業員賃金を下げることは，様々な要因から困難であった。主要な原因の一つとしては，アメリカよりも相対的に安価な賃金で働いてもらう代わりに正規社員を終身雇用と年功序列で守るという慣行が定着していたため，優秀な従業員の維持確保のためにはこれ以上の賃金削減を納得させられないなどの困難があった。輸出競争力が低下したことから国内販売を重視した国の政策と日銀の金利政策から一時的に日本は好景気（のちにバブル景気といわれる）になったが，しかし，基本的に輸出競争力をつけるために製造業を中心に人件費の削減は進めざるをえなかった。国内の人件費を下げるのが困難な企業は，東南アジアの賃金の低い国々に工場を作り，日本人正規社員の監督の下，安い人件費で高品質な製品を生産しアメリカやヨーロッパ，また日本国内へ販売する方式をとった。よって生産現場の海外への移転が急速に拡大した。これが円高による産業の空洞化現象である。

この状況に3つ目の東西冷戦と中国の開放政策が加わる。1989年に，アメリカを中心とした資本主義経済圏とソ連邦・中国を中心とした社会主義経済圏との軍事的対立を含む分断が解消され始めた。これを東西冷戦の終結という。1992年以降，アメリカや日本との貿易に消極的だった中国共産党政権は，冷戦終結をみながら積極的な開放政策へ転換した。安価な労働力を求めて，当初は韓国，フィリピン，タイ，マレーシア，インドネシア等へ進出していた日本も，またヨーロッパ，アメリカの製造業も中国の安価な労働力を利用するため中国へと工場を移転する動きが活発となった。その後，中国は世界の工場といわれるまでになる。

これを日米欧先進国内からみれば，製造業の中国やアジアへの移転は，国内の雇用を減らす結果となる。よって大企業は国内での雇用数を減らしたり，日本では終身雇用と年功序列といった慣行を破って，アルバイト，パート，派遣社員などのいわゆる失職しやすく低賃金な「非正規社員」を増大させたりした。労働組合は正規社員が中心であり，既存の正規社員の雇用と賃金を守るために，新規正規社員の代わりに低賃金の非正規社員の採用を増加させることを黙認した。今日の労働組合の組織率の低下については，当時の日本の労働組合が「正規社員」労働組合であったことで，非正規社員へ組合員としての権利を認めなかったため，非正規社員の比率が高まれば当然ながら組織率が低下することになったと考えられる。

また日本独特の企業内組合主義のため，企業の存続を優先する傾向があり，企業横断的な産業別組合であるヨーロッパ，アメリカの労働組合と比べて企業経営を規制する力が弱かったことにも原因があると考えられる。高度経済成長をけん引した「中流（高所得と低所得の中間の人々）」所得の消費は，大企業正規社員の賃金所得の増加とそれを追随する中小企業正規社員の賃金の増加を労働組合が組織的に後押ししていたといえるが，その労働組合の組織率の低下と非正規社員の増加は，正規と非正規社員などでの所得格差を拡大し，バブル崩壊後の長期的なデフレーション（物価が下落する＝安い物しか売れない）という日本国内の消費傾向を形成していった。

内閣府（2016）によると「自動車及びテレビの需要拡大期と飽和期」図表6-3が示しているものは，自動車も家電製品も，普及率が上昇する需要拡大期には従業員数が増えるが，普及率が高止まりして需要飽和期に入ると労働生産性の上昇とともに，従業員数は減少する。大企業の比重が高い自動車，家電製品は1990年ごろを境に需要拡大期から需要飽和期へ転換している。オイル・ショック，円高，中国の開放政策が出揃った1990年前後を境に国内の大企業の雇用力は急速に縮小していることがよくわかる。

柿沼重志・東田慎平（2016）によると自動車メーカー各社は1985年以降，急速に海外生産を拡大してきた。図表6-4「我が国自動車メーカーの世界自動車生産台数の推移」（柿沼・東田　2016, p.137）をみると海外生産比率は1985年には一桁台であったのに対し2015年には66％へ上昇している。特に1995年から2015年の20年間に30％上昇しているのに対し，1985年から1995年の10年間では20％以上も上昇しており，この10年間に海外生産比率が急速に拡大していることがわかる。大企業へ部品を供給している多くの中小企業でも海外へ工場移転が相次いだ。そこで国内での雇用力に期待が寄せられたのが高度な技術力を持つ製造業や消費者に近い場所で活動するサービス業を中心とする産業であり，これらは主に地域を基盤とする中小企業であった。

図表6-3　日本の自動車およびテレビの需要拡大期と飽和期

需要拡大期には雇用が増加し，需要飽和期には雇用は減少

(1) 自動車

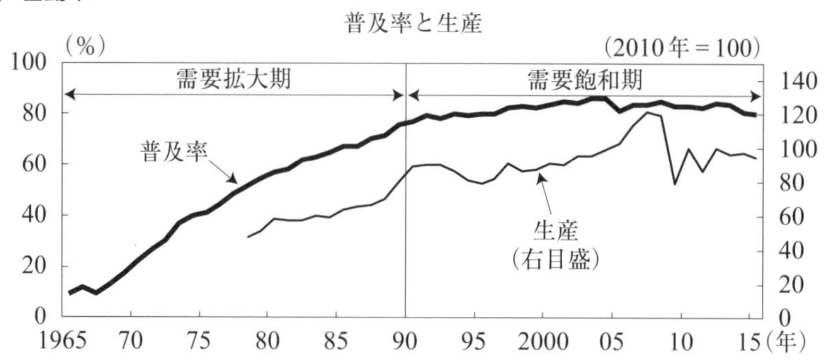

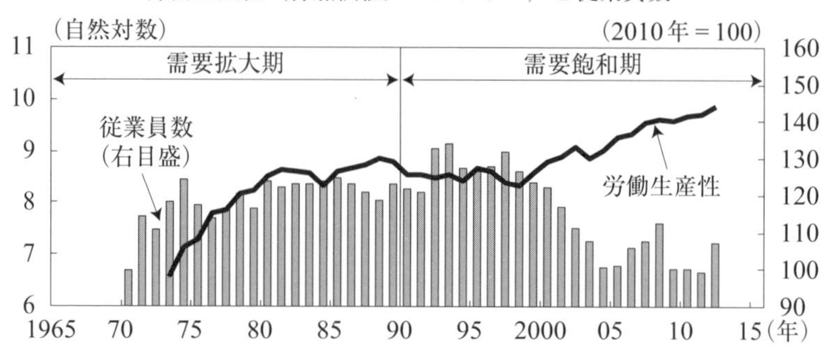

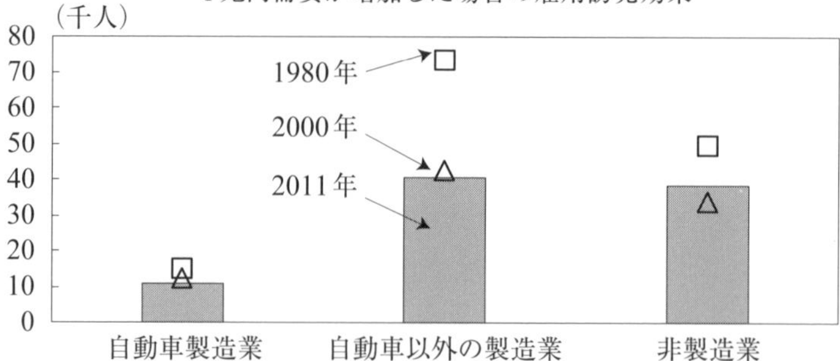

出所：内閣府政策統括官（2016），pp.87-88

(2) テレビ

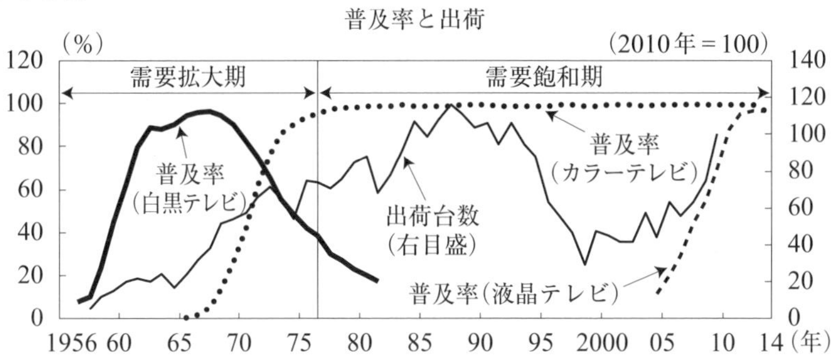

労働生産性（1人当たりの出荷台数）と従業員数

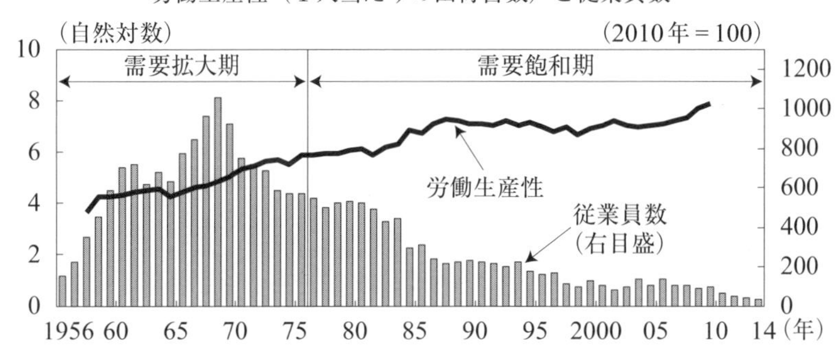

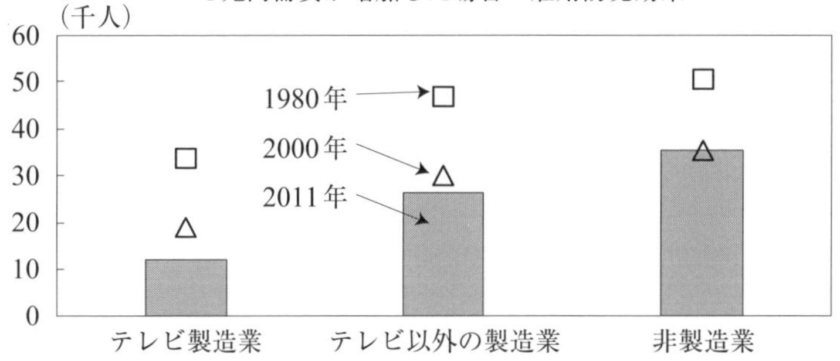

図表6-4　日本の自動車メーカーの世界自動車生産台数の推移

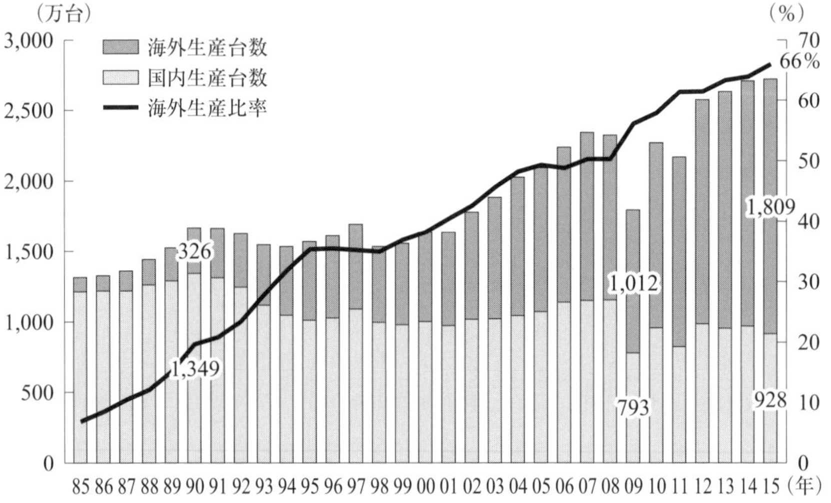

（注）世界自動車生産台数＝国内生産台数＋海外生産台数
出所：自工会ホームページより作成

2. 産業の空洞化

産業の空洞化が日本国内にもたらした様子を空洞化現象の研究にみてみよう。

中村吉明・渋谷稔（1994），中村吉明（2002）によると「我が国において最初に産業の空洞化問題が論じられたのは1980年代後半である。1985年のプラザ合意以降の急速な円高の進展等を背景に，我が国の製造業の生産拠点が急速に海外に移転した。このため，国内の雇用が減少し，技術水準が低下するのではないかといった恐れから，産業の空洞化問題が取り上げられた。その後，一時は沈静化したものの，1993年初頭以降の円高に伴い産業の空洞化の議論が再燃した」（中村 2002）。

「産業の空洞化に関するこれまでの議論を整理すると，製造業の生産拠点の海外移転により国内の雇用や技術水準等に影響を与えるとの議論，それに伴い国内にサービス業のみが残り，我が国経済が弱体化してしまうとの議論，高付加価値化製品の生産拠点の海外移転や研究開発拠点の海外進出を背景に，本来，我が国の経済成長の基軸となる産業が海外へ流出してしまうのではないかとの議論等がある。一方，こうした変化は我が国の構造改革の一過程であり若干の痛みを伴っても避けられないとの議論，企業は比較優位の観点から適切な資源配分をしており，仮に上記のような負の現象が現れたとしても致し方ないという議論もある」（中村 2002）。

「企業が生産拠点等を海外に移転する理由には，比較優位に基づく利潤最大化行動が背景にあり，これを防止することは一般に経済厚生を低下させる可能性がある。しかしながら，当該生産拠点等の国内での存在自体が国内経済にある種の外部経済効果を及ぼしている場合，生産拠点等が海外移転すると，一国の経済厚生が低下する可能性があると考えられる。産業の空洞化の問題の本質は，こうした企業の私的便益と社会的便益とが乖離するところにあると思われる」（中村 2002）。

ここでいわれる外部経済効果とは，大企業の大規模工場や事業所に勤務する従業員とその家族からの需要に対応した，住宅供給，飲食店，医療福祉，教育サービス，娯楽サービスなど供給活動がもたらす経済効果のことをいう。大企業は私的利益を追求しつつ，その周辺の地域経済とも密接に連携して成立する。この外部経済効果を社会的便益（利益）と呼んでいる。

以上の見解からすると二重構造論による，近代的大企業が国民の生活水準を向上させるとする期待は，大企業の利潤追求のための海外移転によって，見直しが迫れることとなる。それは同時に大企業の外部経済を担ってきた供給活動従事者が，自らの力で社会的利益の担い手を新たに作り出さなければならないことでもある。大企業が去った企業城下町や主産業が農業である中山間地では，一村一品運動や地域起こし活動などが全国で試みられてきたが，大企業の大量生産内での単純労働者の大量雇用と同量の需要による生産活動にはならなかった。そこで地域に根差した小規模事業による少量生産や科学技術や情報技術を活用した知識創造的生産活動などが中小企業として登場することが期待されることとなる。

もともと二重構造論は「大企業=近代的」「中小企業=前近代的」という捉え方に，事実とは異なった部分があったのではないか。熟練労働を設備に置き換える「近代化」による大量雇用は，相対的に安価な労働力の雇用へと向かおうとする。安価な労働力を基盤とした産業の育成は，「前近代的」なはずである。また，たとえ大企業が地域にとどまって生産活動を続けたとしても，「近代的」な労働工程の機械化によって人間労働をほとんど必要としないオートメーション生産への転換が進めば，大企業の大量雇用は減少し，その地域の外部経済効果は縮小せざるを得ない。大企業の私的利益の追求は，海外への転出にしろ，近代化の成熟にしろ，どちらにしても行き着く先は，地域の外部経済効果を縮小させる。よって地域に住み高度な知的労働を担う人財の育成と，それに基づく知識創造的生産活動を担う中小企業の創出が必要とされることになる（中小企業庁 2015, p.130）。

【注記】

（1）OPEC：石油輸出国機構（Organization of the Petroleum Exporting Countries）
　　石油メジャー：石油ガソリンなどを採掘，精製，販売する巨大石油複合企業

第7章 産業集積と中小企業

1. 世界的な経済成長の鈍化と中小企業

1980年代には世界の需要と供給の主要を占める経済開発機構加盟国のGDP成長率が軒並み減少し始めた。例外として日本は他国と比べ高い水準で経済成長を実現していた。この時期に日本で起きていたのがバブル経済であったのだが，そのバブルは1990年に崩壊する。

戦後の日本の経済成長は10%を超える年も幾度かあり平均で9.3%であった。ヨーロッパは5%前後，アメリカは約4%である。1950年から70年は戦後高度経済成長と呼ばれているが，GDP主要国の中でも日本の成長は欧米の約2倍もあった。しかし70～80年代の各国成長率は軒並み鈍化し始める（図表7-1)。主要国が1～2%の中で日本は3%台と健闘している（大和 2001, p.22)。

まず1.戦後高度成長はなぜ実現し，どのような限界にきているのか。2.日本はなぜ成長力が比較的高いのか，という問いに対する答えを求めた研究者，諸説が発せられた。そしてその中でも大量生産と大量消費（フォード自動車創設者の経営方針からフォーディズムともいう）の仕組みが戦後の高度経済成長を実現し，同じくその限界が1970年代に訪れたというという説が有力視された。

すでに見たように，大衆消費財の普及率は1970年代に入ると100%へ近づいていく。すると家電製品も自動車も欲しいものは手に入れたので，それ以外の消費を求めるようになる。例えば個性的な財やサービスが主となる外食，レジャーや旅行へと消費がシフトしていく。となると大量生産の既製品よりも自分だけのオリジナル財やサービス財への消費が増え，手作りや少量生産品，イベントなど中小企業がシェアを占める分野へのシフトとなった。これらを今日では「もの（物)」から「こと（事)」へのニーズのシフトともいう。

図表7-1　先進国の実質成長率比較

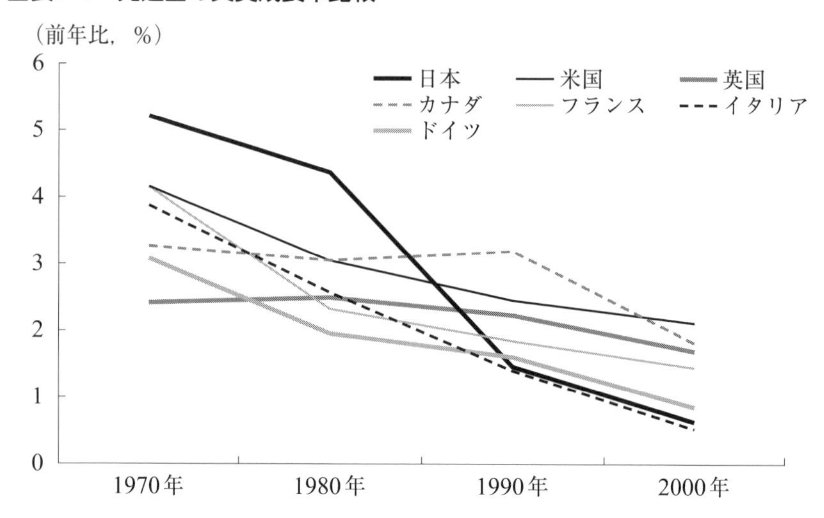

（資料）OECD，各国政府統計
出所：日本銀行総裁・白川方明『高度成長から安定成長へ―日本の経験と新興国経済への含意』フィンランド中央銀行創立200周年記念会議，2011年5月5日より

代表的な説としてピオリ＝セーブルの『第二の産業分水嶺』（Michel J. Piore and Charles F. Sabel 1984）がある。それによると，1980年代にみられた経済成長の衰退は，大量生産体制と大量消費に基づく経済発展モデルの限界によって引き起こされたと考える。

ピオリ＝セーブルによると生産とは表現力を重視するクラフト的生産（おもに手作業，手工業）と低コスト生産を重視する機械による大量生産方式があり，1900年初頭の大量生産方式の登場でクラフト的生産は衰退した。このクラフト的生産から大量生産への転換が第一の産業分水嶺である。しかし，大量生産により巨大企業が登場し，巨大企業主導での経済が世界の経済をけん引してきたかのように見えるが，それはクラフト的に生産された生産用機器や測定器，自動機によって成り立っている。大量生産制度は大量生産に使う機械をクラフト的生産業者から買わなくてはならないなど，クラフト的セクターが必要となる。

1980年代は世界的に大量生産による経済成長の限界が訪れる。これは2種類の危機につながった。一つは，商品の生産と消費に関するバランス維持が困難（調整機構の崩壊＝調整機能の危機）となったことである。もう一つは，巨大企業とケインズ主義的福祉国家による大量消費の仕組みが機能しなくなったことである。そこで地域の経済政策は，「第二の産業分水嶺」に直面する。それは技術力のあるクラフト的中小企業を中心とするのか，それとも世界市場規模で大量生産的事業を展開する巨大企業を中心とするかの選択に迫られる。

1970～80年代，日本のような中小企業が多く残っている国の方が，国営や民営の大企業による大量生産を促進したイギリスより経済成長している。日本経済の成長力の源泉は，中小企業の技術力にあるとする見方が広まった。大量生産をめぐる理解として，高度な技術を必要とする小さな部品は，それほど大きな工場は必要ないが，一方，部品を組み立てて最終消費財を生産する企業では巨大組立設備が必要であり，その巨大組立設備はクラフト的中小企業が生産しているので，そこから購入する。これら中小企業が供給する設備と部品の性能の高度化と価格低下が巨大企業の製品の競争力の基になっていたのである。このことから日本の中小企業の在り方に世界の政策立案者や研究者が注目した。東京都大田区や大阪府東大阪市など日本の下町地域に多くの中小企業が集積していたことから，多くの研究が産業集積に関する研究，さらにはそこから産業クラスターの研究へと発展した。

2. 産業集積モデル

産業集積が注目された理由については，義永忠一（2014）によると前述のピオリ＝セーブル（1984）『第二の産業分水嶺』により，大企業による少品種大量生産体制にとって代わるものとして，中小企業によるクラフト的生産体制が注目されるようになったためだという。また，橘川武郎（2007）によると1970年代石油危機と低成長時代には，中小企業に対する見方が徐々に変化し，従来の「二重構造論」に代わって，「産業集積論」が影響力を強めた。産業集積論では「産業集積モデル」として企業連携が一般化された。そこでは相互に関連する多数の中小企業が狭い地域に集中することのメリットを重視する（橘川 2007, p.342）。

日本の産業集積について『中小企業白書（2006年版）』によると①大都市型産業集積，②企業城下町型，③産地型がある。また，産業集積の特徴として，①自然資源や整備された交通インフラの存在，②地理的な近接性が生み出す物流・通信コストの削減，③集積内部における事業所同士の競争の活発化，④集積内部における事業所同士の情報交流によって生じるシナジー効果や技術のスピルオーバー効果の存在などがあげられる。これらを活かすことにより生産性を高め，付加価値の高い製品を製造することができることから，全国各地において産業集積が形成されている（中小企業庁 2015, p.489）。詳細は，章末の資料1中小企業庁（2006）『中小企業白書』抜粋を読んでほしい。

産業集積の意義としては義永忠一（2014）によるとマーシャルによる「内部経済」と「外部経済」の分類があげられる。「内部経済」は，生産規模の拡大によって企業内に蓄積する技術や資源であり，その高度化は個々の企業の規模に規定される。他方「外部経済」は「たがいに補完しあう産業部門の相関的な発達」から起こる技術や資源の蓄積であり企業規模には規定されない。すると「外部経済」が大きい産業ほど，個々の企業規模には直接依存せず，複数の企業が行き来できる距離に集積することによる「集計的な生産の規模の増大」によって発展できる。そこでは中小企業での人材育成は地域の学習機関によるOff-JTが主流であることが多い（労働政策研究・研修機構，No.109，2012年3月）。

産業集積が起こる理由として，以下があげられる。

①自然資源や整備された交通インフラの存在
②地理的な近接性が生み出す物流・通信コストの削減
③集積内部における事業所同士の競争の活発化
④集積内部における事業所同士の情報交流によって生じるシナジー効果や技

術のスピルオーバー効果

日本における大規模な産業集積地としては，東京都台東区・墨田区（小田・遠藤・山本・山本 2014, pp.204-214）での産業集積と「ラッシュすみだ」による共同受注活動，東大阪では小型人工衛星「まいど1号」の運営に成功した「宇宙開発協同組合SOHLA」(2020）などが有名である。

また，経路依存（path dependence）とロックイン（lock-in）効果による産業集積を説明しようとする研究もある。経路依存性とは，発明や開発が偶然とある企業や地域にはじまり定着して標準化することをいう。例えば，タイプライターのQWERTYキー配列などがある。ロックインとは，採用した技術がその後の開発の基礎となり標準化することにより，容易に他の技術に取り換えられないことをいう。例えば，パソコンOSなどがある。

岐阜県を例にみると，岐阜県関市は刃物作りで世界的に有名な集積地であるが，そのルーツは800年前の鎌倉時代にまでさかのぼる。当時，各地で勃発していた戦乱を逃れた刀匠たちが，関の地で日本刀の製作に欠かせない良質な焼刃土と水，炭を見つけたことをきっかけに定住し，制作を始めたことが「刃物の町」誕生の第一歩だったと言われている。その偶然性から刃物の製造技術と知識が蓄積し企業が集積し世界的ブランドとして知られるまでになった。

また，かつての岐阜駅前繊維問屋街には1000社を超えるアパレル企業（製造卸）と約1500社の縫製工場があり，東京，大阪と並ぶ産地となっていた。戦後，中国北満州ハルビンからの引揚者が空襲で焼け野原となった岐阜駅北側に集まり古着や軍服を売ったことに始まり，アパレル小売店にとってアパレル製造卸問屋が集まる地域として有名になった。製造卸とは，製造業社が卸売まで行う企業のことである。似た形態で製造小売業というものもある。これはSPA（speciality store retailer of private label apparel）といわれ，小売業が自社のオリジナル商品の開発から製造，販売までを行う企業である。SPAで有名なブランドに，ユニクロなどがある。SPAは消費地で企画し製造コストの安い海外で生産する方式であるので産地の集積は作りださない。SPAにより国内製造卸の中小企業は，価格競争力を失い消滅の危機に瀕している。

岐阜県各務原市には大正6年（1917年）に陸軍「各務原飛行場」が開設され，現在までに十二試艦上戦闘機（零戦試作機）をはじめ74機もの航空機の初飛行が行われた飛行場がある。今でも航空自衛隊のテスト飛行などが行われており，周辺には航空機部品の製造企業が集積している。この産業は高度な知識と技術を必要とするため，その技術の蓄積が他の地域との競争力となる。今後の航空宇宙産業の育成地域として行政は育成に力を入れている。

岐阜県東部の土岐市，多治見市，瑞浪市，可児市周辺では美濃焼が有名で，陶磁器産業と，そこから派生したタイル製造業企業などもみられる。

3. イタリアの産業集積

イタリア北東部と中部ではファッション・皮革・家具・キッチンウェアなど，デザイン性に優れた日用品で競争力を持つ多様で独自性高い中小企業が多数存在する。その世界的にも高い競争力は，その分野でのイタリアの輸出超過を実現している。この地域にあるヴェネツィア・ボローニャ・フィレンツェなど，イタリア北東部から中部にかけての都市は「第三のイタリア」と呼ばれ，イタリアの地場産業が集中している

間苧谷努（1995）によると，A.バニャスコ（Bagnasco Arnaldo 1977）はイタリア地域経済についての基本的な考え方を示し，発展モデル・労働市場及び社会階層・生産の分散化の3指標にもとづき，イタリア全土を，異なった社会構成を持った3つの地域—北西部・中部北東部・南部島部—に区分できるとした。北西部は，従来の「北イタリア」を中心部として，大規模企業中心の経済であり，大規模な中核企業を取り巻いて多数の衛生企業が存在するイタリアにとっての「中核経済（economia central)」である。南イタリア地域は「限界経済（economia marginale)」であり，少数の大企業と多数の手工業・小企業が相互に関連なく並存しており，経済の活力は極めて乏しい（間苧谷 1995, p.55)。さらに，中部・北東部は「周辺経済（economie periferica)」であり，

手工業や中小企業を中心として自立的発展を遂げた地域である。これは「第三のイタリア（l Terza ltalia)」と呼ばれ，手工業を含む中小・零細企業からなる入りくんだ生産組織を持っているが，企業間の相互補完的関係ははっきりと固定されておらず，時と共に変化している。発展の軸は2つあり，1つは「生産の特化（specializzazione pr oduttivo)」，他は「地域的集積（aggregazione terri toriale)」である。

また間苧谷（1995）によると，B.コーリ（Berardo Cori）はイタリア中部・北東部の中小企業は，(1) ほとんどが軽工業部門に集中し，そこでは中小規模生産が適正規模に近いとみられる上に，中小企業が，それ自身中核経済を補なう一つのシステムを構成しているとしている。そこでは集積による輸送費の節約と情報交換でコスト減少を実現し他に立地する同種企業に対する競争優位をつくり出す。(2) また，生産段階ごとの分業とその協業によって完成品生産が可能になる場合，企業の柔軟性・効率性・行動の容易さという中小企業の利点を持ちつつ最適規模が実現される。(3) さらに地域に存在する家内労働・パートの低賃金利用による低い人件費で労働力を活用できる。

この（1)～(3）の3つが，この地域での専門化・分業の進展，熟練労働の形成・蓄積，企業者精神の浸透，生産性の上昇を実現している。よって間苧谷(1995）は第三のイタリアの特徴を「「周辺経済」では，先端的ではなく成熟した技術と，低廉でフレクシブルな労働によって，中小規模にふさわしい生産が行われ，労働費の上昇と労働の硬直性の増加という状況の変化に対しても，小さな企業規模層を強化して生産の分散化をはかることによって，大企業体制をつくらず，それへの対応がはかられてきているところにその特徴がある」とまとめている。

遠山恭司（2012, p.85）によると日本の多くの産地の苦境は，生産性の低下や製品イノベーションの停滞，輸入品との競合・劣勢によるところが大きいが，他方で，圧倒的な輸出競争力の喪失にも問題がある。家具，眼鏡，はき物(靴）などの産地型製品群のイタリア貿易収支は，大幅な黒字を計上しており，日本の突出した入超状態とは彼我の差がある。

イタリアの2010年の貿易黒字は家具で60億ユーロ，眼鏡で12億ユーロ，はき物では近年輸入額の伸長が著しいが，それでも21億ユーロの黒字を稼ぎ出している。

家具産地はブリアンツァが高級市場，リヴェンツァが「中の上」クラスの価格帯市場と競合する部分もありつつ棲み分けがみられる。経緯の動向によりそれぞれの浮沈には差がみられる。ソファーに特化した単一製品特化型の産地という特徴を持つウーディネとムルジャの両産地では，輸出額の長期的な漸減傾向が著しい。これらそれぞれで輸出パフォーマンスには大きな違いがみられる（遠山 2012, p.76）。ミラノの富裕層から欧州・世界の富裕層にまでその顧客の幅を広げてきたブリアンツァ産地に対し，リヴェンツァ産地では「価格はブリアンツァ産地より20％安いが，品質でも負けていない」製品開発で市場を広げ競争力をつける企業も現れ，グローバル市場でイタリア国内企業同士での競争もみられる。

中小企業がグループを形成し，多様な顧客ニーズに対応できるラインアップを武器にする企業もみられる。そこでは顧客ニーズの多様化への対応，共同での資材調達によるコスト削減，各社の蓄積してきた人材，技術，ブランド，顧客ネットワークを有機的に結合し，シナジー効果を発揮できるメリットがある。以上のように様々な中小企業が多様な質や連携を実現し，市場の変化に対応しているのである。

また同じく遠山（2012）では，眼鏡産地には日本の福井県鯖江と同様な大規模な産地が一つ存在している。イタリア眼鏡協会によれば，イタリア全土の眼鏡産業は企業数927社，雇用数1万6150人，売上高24.5億ユーロで（ANFAO 2010），それらのうち約8割がベッルーノ産地に集中する。そこでは矯正視力用眼鏡フレーム以外に，全世界向けのサングラスを製造・輸出している（遠山 2012, p.78）。

ベッルーノ産地を代表する大手企業は，ルクソティカ，サフィロ，マルコリンの3社がある。これらは一部上場企業だがファミリービジネスの形態を持つ。プラダやグッチ，アルマーニなどのイタリアブランドばかりでなく，シャネルやヒューゴボス，バーバリー，ラルフローレン，トム・フォードなど，一流のファッションブランド眼鏡・サングラスは，この3社によってデザインされ，生産・流通ネットワークによって管理されている。株式市場に上場して資金調達を行い，開発，生産，流通，ブランド管理，広告宣伝など価値創造の広範なプロセスで経営資源を強化している。だが，有名ブランドとの契約は固定的ではなく時限的だ。中小規模のメーカーや企画販売会社は，ミラノやパリの眼鏡展示会を活用しつつ，高級眼鏡の価格帯の下に焦点を絞り，オリジナル・デザインとコンセプト，Made in Italyを前面に押し出す戦略で，売上の過半を輸出で稼いでいる。

製靴産業地域の間でも，そのすべてが同じ市場競争環境と存立条件下にあるとはいえそうにない（遠山 2012, p.81）。モンテベッルーナ産地は冬期スポーツ用ブーツ（スキー，スノーボード，アフタースキー）やモータースポーツ用シューズなどの生産で知られてきた。しかし，これらの分野の成長鈍化と停滞期にはジョギングやトレッキングといったニュースポーツと称される分野の製品群を企画開発し，販売した。日常使用する靴の快適さと機能を追求したアーバンウェア・シューズを提案するGEOX社が産地から生まれる。創業者のマリオ・モレッティ・ポレガート氏は，後発スタートアップであることから，生産は産地企業に委託し，自社は企画・研究開発，販売・マーケティングに特化したファブレス企業として創業した。卸販売と小売販売のフェーズまで一貫してブランドの構築を図り，取引先や消費者にまで企業理念や製品価値をきちんと供給する体制の形成に注力した。2010年現在，グループ従業員数2590人，また売上高は8.5億ユーロとなっており，産地古参の冬期スポーツブランド複合企業Tecnicaグループ21の売上高が4.1億ユーロなので，20年間でその2倍を優に超える存在となった。

これらの事例から，遠山恭司（2012）は第三のイタリア地区でも「輸出競争力を高めている産業地域とそうでない地域が存在すること」，「イタリア産業地域間における競争と，グローバルレベルで先進工業国・新興諸国間の産業集積の競合を認識すること」が必要であるとしている。つまり第三のイタリア内

図表7-2　顧客とサプライヤーを結ぶコーディネーター

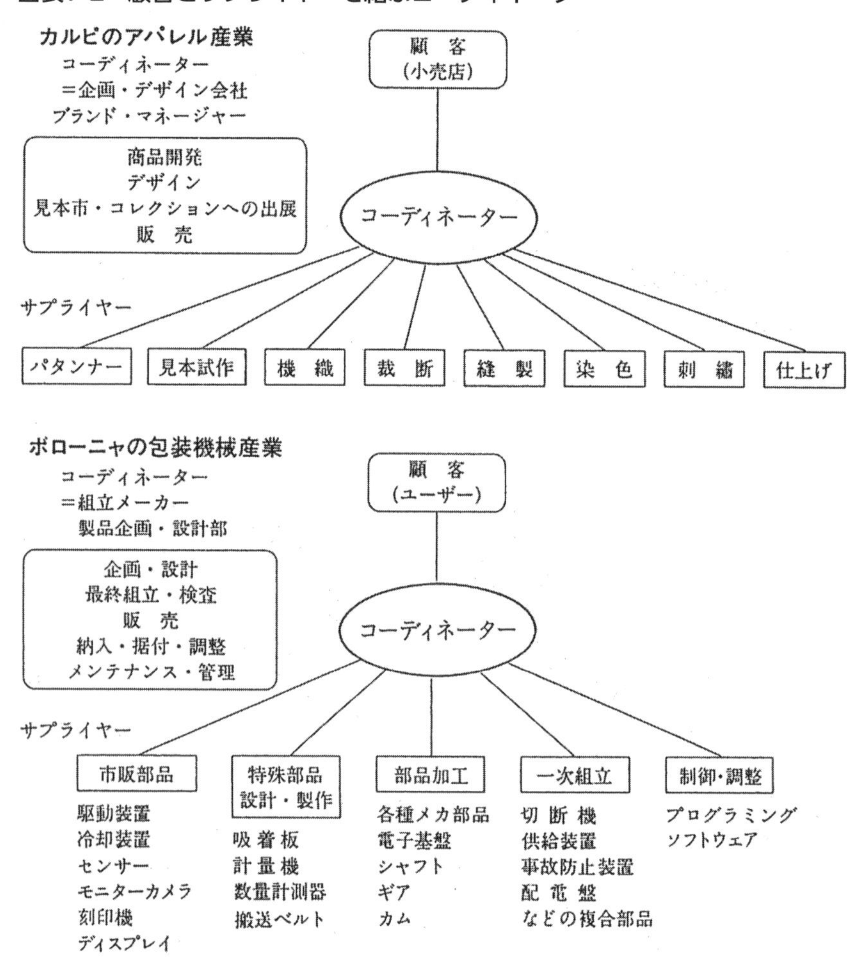

出所：馬場・岡沢編（1999），p.130

の中小企業は，家具，眼鏡，靴をつくっていても多様であり，その様々な経営形態から成功企業が生まれてきていたということだ。

また，20年間で巨大企業へと急成長できたGEOX社は靴メーカーとはいうものの，研究開発，販売マーケティングという情報創造と情報収集に特化した情報創造企業であることは注目に値する。これはアメリカのGAFAと共通している。家具や靴といった日用品のデザインや製品開発，製品転換，生産システムの変更・高度化，生産・調達網の再編成，販売・流通網構築のための知識や管理運営ノウハウの習得，広告・ブランド戦略の展開には，かなりの資本を必要とし，自己資金あるいは上場によって資金調達するなど，企業家精神と強固な意志決定，高度な経営管理と業務遂行能力を求められるということである。

遠山恭司（2012）が示す第三のイタリアから学べるものとして，製品の開発と製造にのみフォーカスせずに，消費者に送り届けるまでの価値創造を構想し実行することにこそ，企業発展の十分条件があるということだ。「地域内の分業をベースとしたものづくり」型の発想から，「デザインから流通にいたるすべてのプロセスで，グローバル価値連鎖（GVC）をどのように構築するか」という発想を，産業地域レベル，企業レベルで熟慮し，意思決定していくことが重要性なのである（遠山 2012, p.86）。

「柔軟な専門化（flexible specialization）」と呼ばれている仕組みについては，八幡一秀（2002, p.270）が顧客と各中小企業を結ぶコーディネーター企業の存在に特徴があることを指摘している（図表7-2）。コーディネーター企業は，地域内における分業ごとに独立した中小企業を緩やかなネットワークでつなげて顧客ニーズに対応している。一般的にコーディネーターは自社に生産機能を持たず，生産は産地の分業集団へと振り分けて完成品とする。

本書ではこのコーディネーター活動を，情報創造活動としてとらえる。つまり企業規模の大小にかかわらず情報創造活動は，顧客ニーズへの変化へ適応する柔軟性と多様性を持ったオリジナル製品を企画・開発する力へと資源を集中し，その製品を規模の経済性が発揮できるグローバル市場へ浸透させる。一度産み出された情報は固定費であり，それは拡散効果による規模の経済性から利益を得ることができるということである。

【資料】産業集積の分類　中小企業庁（2006）『中小企業白書』

第1節　地域産業集積の類型と分析の枠組

地理的に接近した特定の地域内に多数の企業が立地するとともに，各企業が受発注取引や情報交流，連携等の企業間関係を生じている状態のことを産業集積と呼ぶ(注1)。

産業集積はその形成の歴史的背景や，特徴によっていくつかのタイプに類型化することができる。ここでは〔1〕企業城下町型集積，〔2〕産地型集積，〔3〕都市型複合集積，〔4〕誘致型複合集積の4類型に分類し(注2)，分析を進める。

注1　中小企業白書（2000年版）
注2　類型化には様々な見解が存在している。中小企業白書（2000年版），井手（2002），松島（1998），中小企業金融公庫（2002）等参照。

〔1〕企業城下町型集積

特定大企業の量産工場を中心に，下請企業群が多数立地することで集積を形成。代表的な地域としてはマツダを中心とする広島地域，トヨタ自動車を中心とする愛知県豊田市周辺地域，八幡製鉄所（現在の新日本製鐵）を中心とする福岡県北九州地域などが挙げられる。

〔2〕産地型集積

消費財などの特定業種に属する企業が特定地域に集中立地することで集積を形成。地域内の原材料や蓄積された技術を相互に活用することで成長してきた。代表的な地域としては金属洋食器，刃物の新潟県燕・三条地域，めがね産業の福井県鯖江地域，家具の北海道旭川市周辺地域などが挙げられる。

〔3〕都市型複合集積

戦前からの産地基盤や軍需関連企業，戦中の疎開工場などを中心に，関連企業が都市圏に集中立地することで集積を形成。機械金属関連の集積が多く，集積内での企業間分業，系列を超えた取引関係が構築されているケースも多い。代表的な地域としては東京都城南地域，群馬県太田地域，長野県諏訪地域，静岡県浜松地域，大阪府東大阪地域などが挙げられる。

〔4〕誘致型複合集積

自治体の企業誘致活動や，工業再配置計画の推進によって形成された集積。誘致企業は集積外部の系列に属する企業が多く，集積内部での連携が進んでいないケースも多い。代表的な地域としては北上川流域地域，甲府地域，熊本地域などが挙げられる。

これらの類型化については，全国の集積地域すべてを特定の類型に当てはめることは難しく，複数の属性を持つ集積も多く見られる。例えば，浜松地域などは都市型複合集積に分類できるが，ヤマハ，ホンダ，スズキなどの企業城下町型集積の特徴も持つ。また，甲府地域は宝飾品の産地型集積という見方も可能であるが，高度成長期の京浜地域の外延的拡大，1980年代から積極的に企業誘致活動を行ってきたという観点から見ると，誘致型複合集積という分類になろう。本分析においては，複数の属性を持つ集積地域に関しても，便宜上，上記のような属性に分類した。

また，企業城下町型集積や産地型集積の分析時には，集積を形成する特定業種のみに絞って分析する場合も多いが，今回はそのような縛りを設けずに分析を行う。

ここでは国内の集積地域のうち，

企業城下町型集積地
〔1〕広島地域（広島県広島市・府中町）
〔2〕北九州地域（福岡県北九州市）

産地型集積地
〔3〕鯖江地域（福井県鯖江市・越前市）
〔4〕燕・三条地域（新潟県燕市・三条市）

都市型複合集積地
〔5〕太田地域（群馬県太田市・大泉町）
〔6〕諏訪地域（長野県諏訪市・岡谷市・下諏訪町）
〔7〕浜松地域（静岡県浜松市）
〔8〕東大阪地域（大阪府東大阪市）

誘致型複合集積地
〔9〕北上川流域地域（岩手県北上市・花巻市・江刺市・金ヶ崎町）
〔10〕甲府地域（山梨県甲府市・昭和町・玉穂町）

の代表的な10地域を主に取り上げ，㈱産業立地研究所が2005年12月に実施した「産業集積に関する調査」(筆者注) などのデータから，産業集積地域の果たしてきた役割と，機能の変化について分析してみることとしたい。

筆者注　Excelファイルを中小企業庁（2006）『中小企業白書』のサイトよりダウンロードできる。分析結果の詳細は中小企業白書を参照のこと。

第8章 産業クラスターによるイノベーションの創出

1. 産業集積から産業クラスターへ

産業集積は地理的近接性を示すのに対し，産業クラスターは企業間のつながりとしてのネットワーク関係を重視する見方である。すでに示したように，大企業が生産拠点を海外へ移転する動きを活発にする中で，経路依存性をもって中小企業が集積した地域から地域経済の発展が期待された。しかし，日本では産業の空洞化に加えて1980年代後半のバブル景気の崩壊による銀行の不良債権の増加により銀行経営が極度に悪化した。(図表8-1)。消費が減少し物価下落を起こすデフレーションの連鎖が続いた。1990年から20年間の経済成長は平均0.9%といういわゆる「ゼロ成長」と言われる状況に突入する。

そうなると単に集まることによる社会インフラ共有や共同輸送によるコスト削減効果による集積から，集積内での計画的協同研究や開発を行う集積がみられるようになる。二神恭一（2008）によると産業集積が自然発生的な要素が強いのに対し，産業クラスターは意識的に企業連携による競争力を作り出そうという概念である。

産業クラスターは，アメリカの経営学者M.E.ポーター（Michael E. Porter）が提唱したもので「互いに関連した企業や，特化した供給業者，サービス業者，さらには関連産業の企業や，関連分野の諸施設（大学や基準認定機関，業界団体)」（Porter 2000, pp.169-170）の連携を示す。クラスター（cluster）とは英語で「集まり」「群れ」「房」という意味があり，ちょうど「ぶどうの房」(図表8-2）をイメージしたものをいう。ポーターは企業のクラスターが各企業の生産性を高め，それらがイノベーションを進める能力を促進するとした。また産業クラスターは一都市から国全体・隣接数か国におよぶネットワークを形成するなど産業集積に比べて地理的範囲が広い。北欧のポリテクセンターに

図表8-1　銀行収益の推移

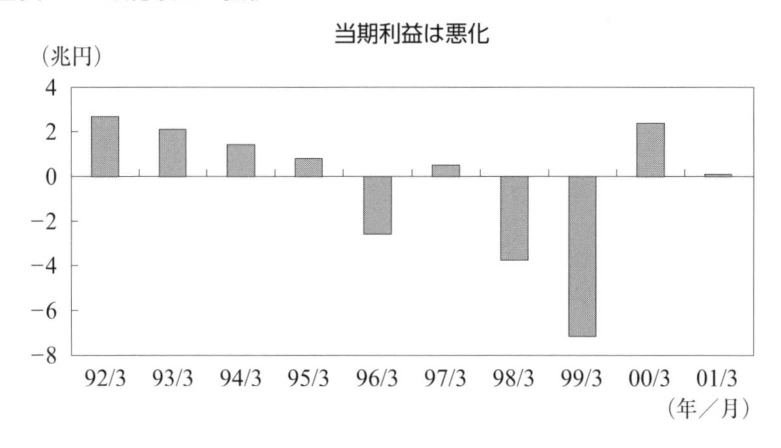

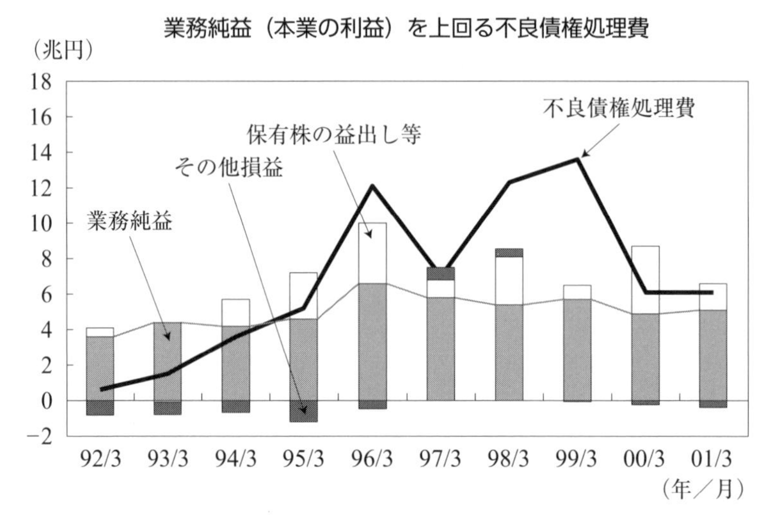

（備考）1. 日本銀行「全国銀行の平成12年度決算と経営上の課題」により作成。
2. 当期利益は全国銀行，税金等調整前ベース。
3. 業務純益は，不良債権処理費用（一般貸倒引当金繰入と信託勘定償却）は除く。
出所：内閣府（2001），p.83

図表8-2　クラスターのイメージ

みられるように政府・大学・金融機関といった機関と企業がネットワークをつくり製品開発，販路開拓に力点をおいて競争力を作るものもある。

経済産業省によると「産業クラスター政策は地域の中堅中小企業・ベンチャー企業が大学，研究機関等のシーズを活用して，産業クラスター（新事業が次々と生み出されるような事業環境を整備することにより，競争優位を持つ産業が核となって広域的な産業集積が進む状態）を形成し，国の競争力向上を図るもの」(1) としている。

また，文部科学省は「知的クラスター」の形成を促進しており，それは「地域のイニシアティブの下で，地域において独自の研究開発テーマとポテンシャルを有する大学をはじめとした公的研究機関等を核とし，地域内外から企業等も参画して構成される技術革新システム」(2) としている。

岐阜県には知的クラスター創成事業として岐阜県大垣地域の「ロボティック先端医療クラスター」がある。また，東海地域を中心に市町村などの自治体が主導して「アジアNo.1 航空宇宙産業クラスター形成特区推進協議会」を形成し国からの国際戦力総合特区の指定を受けて『航空宇宙産業クラスター形成特区』内で企業育成を支援している(3)。行政が熱心に産業クラスター形成に取組む背景として，2000年代にアメリカ・カリフォルニア州サンフランシスコからサンノゼにいたる126号線にあるIT企業の集積地シリコンバレーが世界のIT産業の先導役として巨大な情報産業を形成することができていること，フィンランドの携帯通信企業ノキアを生み出したポリテクセンターの成功に見られる様な行政と地域が一体となった産学官IT産業クラスターの成功などがある。一方，日本では産業の空洞化とバブル崩壊以降の「失われた20年」と言われる長期経済低迷を抜け出すために，技術力のある中小企業を集積させ，ベンチャー企業を育成して，高度経済成長期に作られたコスト削減効果による安価製品の大量生産という目的から，つまり安価製品の大量生産型産業構造から，高付加価値を生み出す産業構造へと転換したいという意図もあるからであろう。

さてここで，少し基本的な用語の概念だが「高付加価値」について理解しておこう。「付加価値」とは経済学の用語で，生産活動が新たに加えた価値という意味である。しかし，生産活動そのものがその結果である産出財にいくらの価値があるかを事前に決めることはできない。原材料を購入し，生産活動を行って，販売して売上金額を得た時，売上金額から原材料購入費を引いた残余の部分が付加価値となったことが解る。つまり付加価値は，製品市場によって事後的に決まる。また，市場競争において付加価値を高くするということは基本的に製品の安さを競う価格競争的経営を生産活動の中心にすえるものではなく，逆に購買者がその企業が供給する製品が，他では手に入らないオリジナルな製品であり一般化した安価製品より高価でも購入したいと思える製品の生産活動を基本原則に据えることとなる。

身近な例として食パンでみてみると，スーパーで買う食パンは安い方が売れる。しかし高くても食べたい食パンを作ったら売れるだろうか？ スーパーでは食パンは100〜200円が相場だ。一方，食パン専門店では500〜800円の食パンに人気があり，日本中に新店舗が続々とオープンしている。なぜだろうか。これが高付加価値型の産業構造の基本である。新しい技術，新しい材料の開発で，その結果として高価ではあるが欲しいと思える製品を作り出すこと，これが，どの企業でも作り出せる安価な製品を大量に生産し販売する高度経済成長型産業構造からの転換なのである。

2. イノベーションの創出とアントレプレナー

そうなると産業クラスターにしろ，知的クラスターにしろ，技術力が生み出す画期的な製品を作る開発力が必要となり，その開発を担う創造的起業家が必要となる。シュンペーターは，資本主義は市場競争のなかで企業は必然的に安売り競争に巻き込まれていくことを指摘した。そうであるならば資本主義が生産活動を進めればいずれすべての企業で殆ど利益が出なくなるはずである。だが実際に資本主義が経済成長しているのはなぜか。それについて彼は研究分析を試みた。

その結論として彼は，資本主義の経済成長はたゆまぬイノベーションによって生みだされていると考えた。「経済における革新は，新しい欲望がまず消費者の間に自発的に現われ，その圧力によって生産機構の方向が変えられるというふうに行われるのではなく」，「むしろ新しい欲望が生産の側から教え込まれ，したがってイニシアティブは生産の側にあるというふうに行われるのが常である」と考えた（Schumpeter 1912）。彼は，この生産の側から行われる革新は，単なる変革ではなく「創造的破壊」によって今までの社会構造を根本的に変えてしまうものであり，それをイノベーションと名付けた。

シュンペーターはイノベーションの事例として鉄道を示し，鉄道はそれまでの郵便馬車を単につなげたものではなく，輸送の在り方を一変させ郵便馬車にとって代わり社会構造そのものを変革したように，イノベーションは，「創造的破壊」を伴った社会変革を生み出し新しい生活様式と消費を生み出すものだとした。このイノベーションに共通する事項には生産要素の「新結合」がみられるという。この「新結合」には5つのタイプがみられるとして，次のように整理している。

① 新しい財貨の開発

今日的に言うと，スマートフォンやSNSという新しい財の発明が新しい人間関係と個人間生活を変え，旧来の社会構造に代わる新しい社会構造を創出した。Appleはスティーブ・ジョブスと友人が個人事業として自宅のガレージで創業した。Facebookは，2004年にはハーバード大学の学生マーク・ザッカーバーグが交流を図るための「The facebook」というサービスを開始したことに始まる。情報ネットワーク技術は，クラウドファンディングという新しい資金調達の在り方を創出しはじめた。

② 新しい生産方法の導入

フォード生産方式やトヨタ生産方式などが大衆消費財としての自動車を実現した。フォードは，それまでの熟練労働者による生産に代えて，分業による労働の単純化とベルトコンベヤーによる連携を新しい生産方法として導入した。

またアパレル産業ではユニクロやGAPにみられるように生産者が直接小売りも行う製造小売SPA（speciality store retailer of private label apparel）など多品種，低価格販売を実現した。ユニクロは，1949年に柳井等が，個人営業の紳士服専門店「メンズショップ小郡商事」を山口県宇部市に開店し，1984年には，後にユニクロに名称変更したユニセックスカジュアル衣料品店を広島市に開店したのがルーツとなっている。それにより富裕層にしか購入できなかった車やファッションが安価に生産できるようになり，大衆消費社会という，新しい在り方が実現した。

さらに次世代生産方法として3Dプリンターが1個単位生産という金型を使わない新しい生産方式を実現しようとしている。

③ 新しい販路の開拓

Amazonは，1994年にジェフ・ベゾスがヘッジファンド・マネージャーを退職し，個人で友人のアドバイスを受けながら後にAmazonとなるネット通信販売会社を設立したことに始まる。

日本では1997年に東京都港区の弁護士事務所の賃貸オフィスビルに，日本興業銀行を退職した三木谷浩史が本城愼之介と2人だけのコンサルティング会社を起業し，それを元手に楽天という通販企業を設立した。これらの購入方法は，人々の購買行動に大きな影響を与え新しい社会の在り方が実現した。

またコンビニエンスストアは早朝深夜販売を実現し生活様式に影響を与えた。

さらに，サブスクリプションなどの定額制販売や，自動車の消費形態が購入による所有からシェアへ変わってきている。

④ 原材料の新しい供給源の獲得

リチウムイオン電池は電子機器のモバイル化を実現した。太陽光発電など自然エネルギーと電池の組み合わせが，自動車動力のガソリンエンジンから電気モーターへの転換を実現しようとしている。AI（人工知能）が自動車の自動運転を実現しようとしている。データサイエンスにより個人情報が資源として活用され新しい事業の創造を可能にしていると同時に個人情報保護のための新しい権利と定義を必要としている。

⑤ 新しい組織の実現

セブンイレブンは，1973年にイトーヨーカ堂取締役だった鈴木敏文がアメリカのサウスランド社と提携しヨークセブン（後のセブンイレブン）を設立し，コンビニエンスストアのフランチャイズ方式による小売事業主を組織化した小売ブランドを確立した。その後，フランチャイズ方式による企業間組織が小売業で普及する。

また，テレワーク技術が新しい働き方を生み出しつつあり，新しい組織の在り方が模索されている。

上記事例はシュンペーターが示したものではなく，筆者が今日的に理解しやすいように示したものである。シュンペーターは，新結合は「単に旧いものにとって代わるのではなく，一応これと並んで現れるのである。なぜなら旧いものは概して自分自身のなかから新しい大躍進をおこなう力をもたないからである。先に述べた例についていえば，鉄道を建設したものは一般に馬車の持ち主ではなかったのである」(Schumpeter 2012, p.184) とし，新結合の遂行は，起業家精神にあふれた個人によって遂行されると指摘しその個人をアントレプレナー（起業家）と呼んだ。「企業者（Unternehmerアントレプレナー）と呼ぶものは，新結合の遂行をみずからの機能とし，その遂行に当たって能動的要素となるような経済主体のことである」(Schumpeter 2012, p.99)。

アントレプレナーは当初日本語訳では「企業者」と訳されてもいた。しかしその意味するところは新しい事業を起こすことから，今日では「起業者」「起業家」と訳すことが多い。この起業家は必ずしも発明家ではない。シュンペーターは「発明家あるいは一般に技術者の機能と企業者の機能とは一致しない。企業者は発明家でもありうるし，またその逆の場合もありうるが，しかしそれは原理的には偶然にすぎない。企業者そのものは新結合の精神的創造者ではないし，発明家そのものは企業者でもその他の種類の指導者でもない」(Schumpeter 2012, pp.230-231) としている。

塩沢由典（1991）は，前述のピオリ＝セーブル（1984）『第二の産業分水嶺』に沿って，「大企業化は今後進まないばかりか，却って小さな企業の比重が大きくなる」であろうと指摘し，中小企業の，特に新技術で起業するベンチャー企業の重要性を指摘している。

日本を代表する大企業の団体である日本経済団体連合会のキヤノン株式会社会長御手洗富士夫は，文部科学省主催の大学関係者セミナーで講演し次世代の人材育成について求めるものを次のように語った。「戦後1980年までの日本企業は，アメリカなどの先進国のキャッチアップ（追いつけ追い越せ型）の経営を目指してやってきた。しかし1980年代になると日本の製品は世界トップとなりフロントランナー（新規開拓型）にならなければならなかったが，その転換ができなかった」といい，日本企業が新しいことへ挑戦する必要性を説いていた。

大企業であればフロントランナーを目指し巨額の開発資金を投じることは可能だ。では，中小企業からイノベーションが生まれる可能性について考えてみよう。まだ消費者が認知されていない新しいものは，売れるかどうかわからないし，売れても大量に売れるかも定かでない。よって新しい挑戦は，必ずしも大量生産方式を必要とはしない。むしろ大量生産方式に依存している場合，投資資金の大きさが失敗したときのサンクコストを大きくしてしまい，損失の大きさが企業経営の存続を脅かしてしまう。新しい挑戦は，むしろ，当初は少量作っても採算が合うように計画され，ターゲットを絞ったターゲット・マーケティング（消費者の絞り込み）によるペルソナ（限定された消費者像）を設定したニッチ市場がリスクを減らす。つまりイノベーションは中小企業でも十分に実現することができるのである。

むしろ大企業はリスクを回避するために，ヒットした中小企業の新技術をM&Aで購入したり，企業内での新技術の開発を別会社にする企業内ベンチャーの形態で行ったり，中小企業との資本提携で実施したり，と既存の事業の変革を当初はもたらさないように進める。このように大企業は，むしろアントレプレナー精神は持たず，保守的に資金の提供者として利益を得ようとする。

大企業でもイノベーションによる利益なしには，経営の存続は困難な時代となった。このため大企業もアントレプレナー精神を持った大量の人財を必要としている。だがその人財は同質的な「人材」ではない。今日，企業が大学に求める人財育成は，既存の大組織で集団行動を行える能力ではなく，個々別々の技術や発想を持った人財がコミュニケーション能力を発揮して協同するチームプレー能力を持った人財だ。ベンチャー・ビジネスを生み出せるアントレプレナーは企業にとって「人材」ではなく「人財」となりえる者といえるだろう。

大学教育でも悩むところだが，特にこの「人財」たりえるアントレプレナーをいかに育成することができるのか。もはや時代は個人の能力を生かせる組織の在り方を問うようになってきたのである。

3. 産業クラスターとイノベーション

産業クラスターは当初は自主的に中小企業が集積して協同して技術開発を進

めるものであった。政治的，行政的な誘導がなくとも経済理論に則って企業が特定地域に集まり，さらに集積が進むのである。二神恭一（2008）によるとアメリカのシリコンバレーも「1980年代前半までは，そうした自生的集積の一例である。だがこのシリコンバレーの大変な隆盛をみて，アメリカもふくめて多くの国の政府が人工的に第2，第3……のシリコンバレーをつくり上げることに挑戦するようになった」（二神 2008, p.103）のである。また当初から行政の誘導がなくとも，中小企業の集積が効果もたらしていた地域が衰退していく事態も見られる様になり，地域衰退を防ぐ視点でも人工的に産業集積地を産業クラスターとして育成しようと乗り出す行政は多い。そしてその中心はアントレプレナー育成となる。今日では各分野で中小企業がアントレプレナーを育てる社会や地域の在り方に関する研究が重視されている。

【注記】

（1）https://www.meti.go.jp/policy/local_economy/tiikiinnovation/industrial_cluster.html

（2）https://www.mext.go.jp/component/a_menu/science/micro_detail/__icsFiles/afieldfile/2009/12/10/1287305_1_1.pdf

（3）https://www.pref.aichi.jp/kikaku/sogotokku/

第9章 日本の大企業内アントレプレナー育成の不調と地域への期待

1. グローバル市場における日本の大企業の衰退

高度経済成長の中で大企業に期待されていたものは，高品質で安価な大衆消費財の生産だけでなく，巨額の利益を新製品開発へ投入し，技術革新を推し進める先導役となることだった。生産量と売上高の巨大さから可能となる巨額の開発投資額が社会を一変させる新技術の実現を可能とすると考えるのはごく自然な成り行きだっただろう。

ソニーのウォークマン，ビクターのビデオレコーダー，パイオニアのレーザーディスク，プラズマテレビ，自動車ナビゲーションシステム，シャープの液晶テレビ，トヨタのハイブリッド車，キヤノンのデジタルカメラなど1980年から2010年にかけて日本の大企業は多くの画期的技術を発明し，人々の生活様式と社会構造を一変させるイノベーションを実現した。

ここに上げた大企業は，その後どうなったかご存じだろうか。ソニーはヒット製品の不在から経営不振が続き1999年から2015年までに計6回，公表されただけで計約8万人の従業員を削減した（清武 2015）。岐阜では美濃加茂市の工場が廃止された。パソコンVaio部門を別会社とし，またテレビ事業は，営業利益では2005年から2014年まで10年連続で赤字が続き，エンターテイメント部門と統合して規模を追わずに違いを追う戦略転換で再建を図っている[(1)]。

ビクターも同様にヒット商品がなくなりケンウッドと経営統合，パイオニアは2019年3月上場を廃止し香港の投資ファンドの完全子会社になった。シャープは台湾の企業に身売りした。唯一トヨタとキヤノンは存続しているが，外国の企業と比べると勢いはない。パナソニックは2013年に従業員を約1万人解雇した。トヨタはハイブリッドで世界のトップを走ってきて好調に見えるが，電気自動車と自動運転への構造転換により「10年後に存続できているかはわからない」と豊田章男社社長が発言し，自動運転システムはトヨタ単独での新規開発をやめ他社との協同開発やベンチャー企業への出資による経営へと転換しており，CASE[2]では外国企業の後塵を拝している。

スイスのビジネススクール「IMD」が毎年発表している「国際競争力ランキング」で，日本は1989年から4年間，アメリカを抜いて世界第1位となっていた。それが1993年以降じりじり後退し2002年には30位へ，2019年でも30位と変わっていない。世界経済に占める日本経済のウェートを見ると1989年15.3％から2018年5.9％へ減少しており，同時期のアメリカが28.3％から23.3％であることと比べると日本の落ち込みは大きい（岩崎 2020/01/26）。

一方，アメリカでは1980年代には存在していなかったGAFAのような企業が，個人事業から始めて2010年には総資産であっさりトヨタを抜く巨大企業へと成長した。巨額の開発資金があれば勝ち続けられるという感覚は，どうも当てはまらないようだ。多くの経済評論家が日本企業のデジタル化やIT分野での遅れや日本人の閉鎖性を指摘する。

だが筆者は，真の原因は，成功した大企業の中では保守化に伴ってイノベーションを生み出すアントレプレナーの育成環境が失われていくからではないかと考える。シュンペーターが指摘したように一時の成功は後に価格競争による収益減少へと向かうので，持続的にイノベーションを生み続けなければ企業は衰退していく。経済成長を実現するにはイノベーションは絶え間なく続けていく必要がある。しかしイノベーションのジレンマ[3]によって成功企業は保守化する。とりわけ賢明な巨大企業経営者は合理的で正しい判断によって自らの技術を捨てきれず保守化し，挑戦者であるベンチャービジネスや中小企業による破壊的イノベーションによって衰退していくというものである。それは他の先進国でも同じことだが，とりわけ終身雇用と年功序列で守られた大企業エリート幹部は，先輩たちから受け継いだ成功を捨てて，新たなイノベーションを築けない傾向が強い。

日本では多くのエリート大学生が大企業への就職を目指すのはなぜだろう

か。大企業に入れば一生安泰という意識はないだろうか。欧米の企業では終身雇用は経営幹部ではほとんどみられない。業績が悪化すれば容赦なく責任を問われる厳しい競争の中にいる。欧米と比較して日本企業の経営幹部は失敗を恐れ保守化しやすいのではなかろうか。またそれに加え巨大企業は経営危機に対する国家の支援を期待する甘えもあるだろう。中小企業の方がむしろ継続的に市場からの競争圧力で企業の存続が危機的になるため，挑戦的なイノベーションに向かう環境の中にいるといえる。

アントレプレナー育成の視点でいうと，アイデアや人のネットワークが生み出すイノベーションは企業規模とは別の視点が必要となるだろう。かつてシュンペーターは，イノベーションを推進するのは，アントレプレナー（起業家）といわれる意欲と挑戦に満ちた精神にみちあふれた個人によって始まると指摘している。このイノベーションを促すアントレプレナーを生み出すものはなんであろうか。アントレプレナーが生まれる環境，地域，人間関係，場所に注目する多くの研究がある。今回はアントレプレナーを生む地域の要因について先行研究を考察してみよう

2. 地域と人間関係の視点で見るイノベーションの理論研究

地域と人の働き方は密接に結びついている。アントレプレナーを生み出す地域要因については，主に地域の自然環境が地域社会に与える影響と，生産する製品の構造が個人と産業集積した社会に与える影響とがある。またそれぞれの地域社会が独特の人的ネットワークの在り方を築き，それが個人に与える影響が考えられる。

このアントレプレナーが生み出すイノベーションとは，前述したように，シュンペーターによれば「新結合」を意味し，具体的に5つが上げられる。1「新しい製品やサービスの生産」，2「新しい生産方法の導入」，3「新しい販路の開拓」，4「原材料の新たな供給源の獲得」，5「新しい組織の実現」である。

今日イノベーションは「新しいものを生み出す」行為という意味で使用され

ることが多いが，私がここで注目したいのはシュンペーターの表現が「新たな結合」となっている点である。これは何を意味するであろうか。その意味するところは，イノベーションによって新しく生み出されるものは「知識」であり，その新知識に基づいて既存の財，サービスが今までにない方式で結合すると捉えるとわかりやすいだろう。

つまり地球上に現存する物質が無から生まれるということはない。新しく生み出されるものは非物質的な新情報で，その新情報は新知識となって，現存する物質の今までにない組み合わせを実現することになる。この新知識は，アントレプレナーの頭の中で生まれ表現されることで，新結合へと結びつく。シュンペーターは新結合を経済発展の原動力とする分析で次のように示している(4)。「『発展』とは経済が自分自身の中から生み出す経済生活の循環の変化のことであり，外部からの衝撃によって動かされた経済の変化ではなく『自分自身にゆだねられた』経済に起こる変化とのみ理解すべきである」という。

「『発展』とは経済が自分自身の中から生み出す経済生活」とは，どういう意味だろうか。シュンペーターによるとイノベーションは，生活の中でこんなものが欲しいという要望に突き動かされ，売上を上げるために様々な工夫をし，需要を喚起する供給側の新結合によって「創造的に破壊」され発展すると考えた。その主体を当初は，アントレプレナーという知的エリートが起こす革命であると捕らえる。だが彼は後に巨大企業による組織集団による行為とみなすようになった。その後の彼の研究は，企業内組織をイノベーションの主体とする研究へと進んでいった。

近年の研究ではイノベーションはむしろ中小企業や個人のアイデアによって実現する現象とみなす仮説が多くなってきた。その原因として，今井賢一（2008）はアドビー社のPDFファイルの発明を事例に次のように分析している。インテルの創業者ゴードン・ムーアが「成功するベンチャー企業は，ほとんどの場合，大企業の研究所が創り出したアイデアから始めている」と指摘していることから，今井賢一（2008）は大企業内の「勝れた技術に支えられた有望なプロジェクト」が「組織内では必要な資金の配分も得られず，発展の契

図表9-1　今井賢一のアントレプレナー

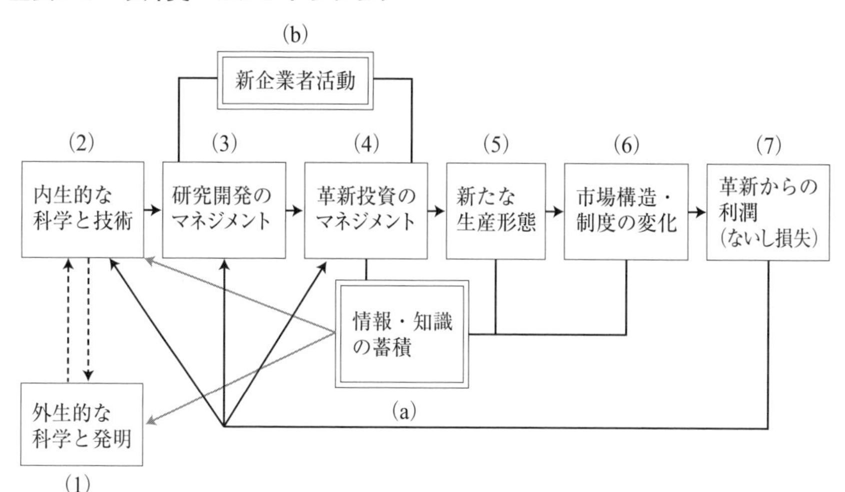

出所：今井賢一（1990）『情報ネットワーク社会の展開』筑摩書房，p.69

機も」つかめない状態である場合，ベンチャー・キャピタルの支援を受けてスピンアウト[(5)]してイノベーションを実現するという。

ではなぜ，大企業内で生み出された革新的考えは，大企業内で発展の機会を与えられず，製品化されないのであろうか。この点についての分析は示されていない。その疑問に対して，筆者は仮説として大企業の市場規模の制約が関係していると考える。大企業は必要な利益の絶対額が大きいため投下資金も莫大だが，新製品の売上も巨額でなければ製品化し市場に投入しない。巨大企業は新商品の売上目標を数百億円に設定することが普通である。大企業は数万人の従業員に払う人件費と，数億株への配当を稼がなければならない。少ない売上しか望めない市場商品は取組むべき優先順位が低くなると考える。一方，中小企業のそれは数千万円で十分である。よって，不確実性が高いイノベーティブな新製品は市場予測も未知であり，確実性を重視する大企業からはイノベーティブな新製品が出にくい。大企業はむしろ既存コモディティ製品[(6)]の大量生産と安価販売による価格競争力へと向う。

今井賢一（1990）は情報ネットワーク社会でのイノベーションとアントレプレナーの関係を示した（図表9-1）。「新企業者活動」（b）にあたるのがアントレプレナーであり，連続的なイノベーションに必要な「能力を持つ『個』が，それぞれ緩やかに連結し，あるグループと」なって新結合の体系を作り出す。それを今井賢一（1990）は「ネットワークの本質的な点」であるとしている。

イノベーションに関する研究は，以前は大企業の研究室のような開発組織によるイノベーションのものが多かったが，最近の傾向は，個人によるイノベーションの研究へ移ってきている（安田 2010）。

【注記】

(1) 平井社長によると，「コンシューマエレクトロニクス事業全般として，戦略を大きく転換し，従来の量の拡大によってコストをカバーし，赤字から脱却する戦略を捨て」，「ソニーの創業以来のDNAでもある『規模を追わず，違いを追う』ことであった」という。「ACII.jp×ビジネス」https://ascii.jp/elem/000/001/502/1502093/

(2) CASEとは，Connected（コネクテッド），Autonomous（自動運転），Shared & Services（カーシェアリングまたはサービス&シェアリング），Electric（電気自動車）の頭文字をとった造語。CASEのさらに進化した先には，もはや「車」という概念は移動手段の一部でしかなく，移動サービスシステム全体が移動手段を実現するという新しい概念で，英語で「Mobility as a Service（サービスとしての移動）」といわれ，略して「MaaS」という。これは“移動”すること自体をサービスとしてとらえ，クルマだけではなくパーソナルな個人的乗り物から電車やバスといった公共交通も含めて移動を最適化しようとするシステムをいう。

(3) クレイトン・クリステンセン（Clayton M. Christensen）が，1997年に初めて提唱した現象で，巨大企業が一時的な成功を基に合理的な判断から成功技術にこだわるために，成功技術に対する破壊的イノベーションを生み出せなくなる一方で，その技術にこだわらない新興企業が破壊的イノベーションを生み出せるというもの。

(4) シュンペーターが示しているイノベーションとは，経済体系内部から内発的に生じる非連続的な変化である。「郵便馬車をいくら連続的に加えても，それによってけっして鉄道をうることはできないであろう」という部分がよく引用される。イノベーションとは非連続的な変化であり，新しい経済体系を創造し古い経済体系を破壊するという創造的破壊という特徴を示す。

(5) 会社を飛び出して起業すること。

(6) コモディティ（commodity）とは，生産者がだれであろうと同じものとして気にかけずに消費する財のこと。コモディティ化とは当初は生産者を選んで消費していた商品が，生産者を意識しなくなり他の生産者と区別せずに安さで選択されるようになること。例えば，ガソリンとかティッシュペーパーなどの日用品に多い。

※本稿は，安藤信雄（2017）「農村におけるアントレプレナー育成要因に関する分析モデルの考察」『中部学院大学研究紀要 第18号』中部学院大学総合研究センター，pp.41-51の論文の一部を使用している。

第10章 アントレプレナーを育てる地域の研究

アントレプレナーの育成が国の経済成長にとって必要不可欠なものだと認識されるようになり，またそれは大企業による規模の経済の発想から育成することは困難であるという経験的教訓からソニーに見られる様な「量の追求」から「違いの追求」への転換がみられた。「違いの追求」は「差別化」といい，他との違いに付加価値が生まれるようにする手法である。

産業クラスター論が企業としての専門性とネットワークを対象とする研究が主流であったのに対し，アントレプレナーの育成に関する理論研究では，「個」とそのネットワークによる「差別化」のある製品開発が研究の主流である。そこではアントレプレナーは「孤立した個」ではなく専門化した各「個」であり，かつ人間同士のつながり，絆，新結合の在り方を備えた「個」としての特徴が現れてくる。この在り方を地域の特性や文化，風土，人情が支えているという研究が地域によるアントレプレナー育成の研究で主流となっている。

1. ナショナル・イノベーションシステム

地域とイノベーションの関係については優れた先行研究が数多く存在する。特に国際的に研究者間で注目されている理論として，ナショナル・イノベーション・アプローチがある。その理由として戸田順一郎（2004）は，国家経済の発展におけるイノベーションの重要性についての認識が高まってきたからだという。しかし，この国家規模でイノベーションを起こそうというロジックでは国家内に生じる地域間格差に対する処方箋としてはそのまま活用は出来ない。そこで地域レベルでのイノベーションシステムを研究する必要が生じる。

地域の要因がアントレプレナーを生み出すプロセスについては，人のネットワークがどのようにイノベーションを生み出すかについての先行研究が多くの示唆を与えている。今井賢一（1990）によると「連続的イノベーションの世界において競争的優位を持つには，製品設計を絶えず新たにし，製造過程をすみやかに組み直し，新製品をタイミングよく競争市場に持ち込むという能力が不可欠なのである。それには中小企業特有の関連情報を素早く集約できる能力と，クラフトマン的な柔軟な技能が必要である。しかし現在の製品はシステミックなものであるから，中小企業単独ではできない」（今井 1990, p.33）。そこで，組織の縛りからある程度自由で，その企業間ネットワーク内で市場ニーズに速やかに対応しながら活動することができる立場にいる専門知識と熟練による暗黙知を持つ「個」が同様な立場の「個」と「緩やかに連結」するとき，その個または集団の協働がアントレプレナーとしてイノベーションを生み出しやすくするということになる。

このネットワークは今までみてきた産業集積や産業クラスターによって生じていたが，最近では，常に新しい関係をもとめる「個」からの要望で「シェアオフィス」が生まれたり，地方銀行によるネットワークが生まれたりしている（地方銀行の役割は別の機会に譲る）。

ネットワークによるイノベーションの創造は，ネットワークによる集団内での累積的な学習能力によるものであり，個人としての学習ではなく組織的学習である。その集団学習の場を「場」と呼ぶ。それが企業であれば企業が「場」となり，地域であれば地域が「場」となる。その「場」では関係する人々の間に密度の濃い素早いコミュニケーションが可能で，かつ記憶を蓄積して共通の能力を育てていこうとする信頼関係がなければならない（今井 1990, p.34）。

さらに今井は，ネットワーク分業によるイノベーションでは「オーバーラッピング・フェーズ・アプローチ」が決定的に重要となる。「伸縮的分業」とも呼ばれるが，そこでは「設計，試作，生産という異なる局面を重複させることによって，それぞれ別々のグループに属する人々が同時にコミットして情報を共有する‥‥密度の高い情報交換の場を設ける」（今井 1990, pp.80-83）ことが有効なネットワークの基盤となる。

それは都市部だけではない。「最初は農村から都市へ労働力が移動することによって都市型の産業が発展するが，その成果としての新たな技術，ノウハウが，たとえば農業機械や新種の種，農産物の新流通方式などに応用されて農業が発展するのである」「農業は情報技術が本格的に役に立つ知的な場になる」（今井　2008, pp.112-113）と指摘している。

この主張は，農村地域でのイノベーションを考えるうえで重要な示唆を含んでいるだろう。農村でアントレプレナーの「個」の資質は，農村社会に居ながらも情報・知識産業の成果を取り込み，都市型産業との人的ネットワークとオーバーラッピングした「場」で活動できる立場であり，それを受入れる地域の人間関係が必要となるということだろう。

2. 地域的イノベーションシステム

産業集積研究の分野でも地域イノベーションに関する研究が進んでいる。松原宏（2007）によると地域的イノベーションシステム論は，ルンドバル（Lundvall 1992）のナショナル・イノベーションシステム論の影響を受けて「イノベーションが創出されるプロセスをひとつのシステムとして捉えようとする試み」であり，「その国に立地しているか起源をもつ諸要素，諸関係からなるシステム」として定義されている。そこでは「ユーザーと生産者の間の相互作用」が効率的に行われる理由として，「地理的接近，文化的接近，政府の役割があげられている」（松原　2007, p.23）ことから，松原は，地域的イノベーションシステムは，新産業集積論とナショナル・イノベーションシステム論が融合されたものとして地域的イノベーションシステム論を位置付けている。

この点は三井逸友（2004）が，1990年代後半以降100か所以上で実施された主な施策として，企業への研究開発援助の提供，大学への助成，研究技術機関や産業技術センターへの支援，研究と中小企業へのイノベーションサービス，クラスター政策，研究開発資金の公的援助，教育・訓練などを示している（松原　2007, p.28）。イノベーションを生む地域に関する理論的考察は，さらに具体的に「地域の範囲」とはなにか，どこまでがイノベーションの場となる地域なのかを明確にする必要が出てきた。

3. ローカル・ミリュー論

地域の特性である「ローカル・ミリュー」が企業を通じてイノベーションを発揮することが，GREMI（革新の風土に関するヨーロッパ研究グループ）におけるカマーニ（Camagni, R. 1991）によって示されている。ローカルなミリュー（領域・習慣・慣習）からイノベーションを説明しようとするのがイノベーティブ・ミリュー論である。フランスを拠点とするミリュー研究はGREMIプロジェクト（Groop de Recherche Européen sur les Milieux Innovateurs）研究の中で，カマーニを中心に組織されたプロジェクト研究である。

イノベーティブ・ミリュー論では，地域の空間から内発的に現れる創造性を重視し，地域の発展がローカル・イニシアティブを形成しイノベーションの原動力となる。この「領域（ミリュー）」には生産システム，社会的アクター，固有の表象体系を持つ特定の文化が緊密にまとまったものという（図表10-1）（Bramanti & Ratti 1997）。そしてこのミリューが企業にイノベーションを起させる。

たとえば日本の伝統工芸品や，花火，盆踊り，浴衣，温泉などが生み出す空間が地域独自の創造性を生み出すことなどに例えられるだろう。地域環境（local milieu）への所属意識によって個人的コンタクトと協力・情報交換が容易となり，集合的学習過程を通じたイノベーション促進や不確実性低減を実現できるとしている（長山 2005）。

友澤和夫（2000）は，ローカル・ミリュー論の視点で工業地理学が生産システムを主としたものから知識やイノベーションの役割及びその創出過程を重視した学習システムへ変化していることを指摘している。

図表10-1　イノベーティブ・ミリュー論の概念

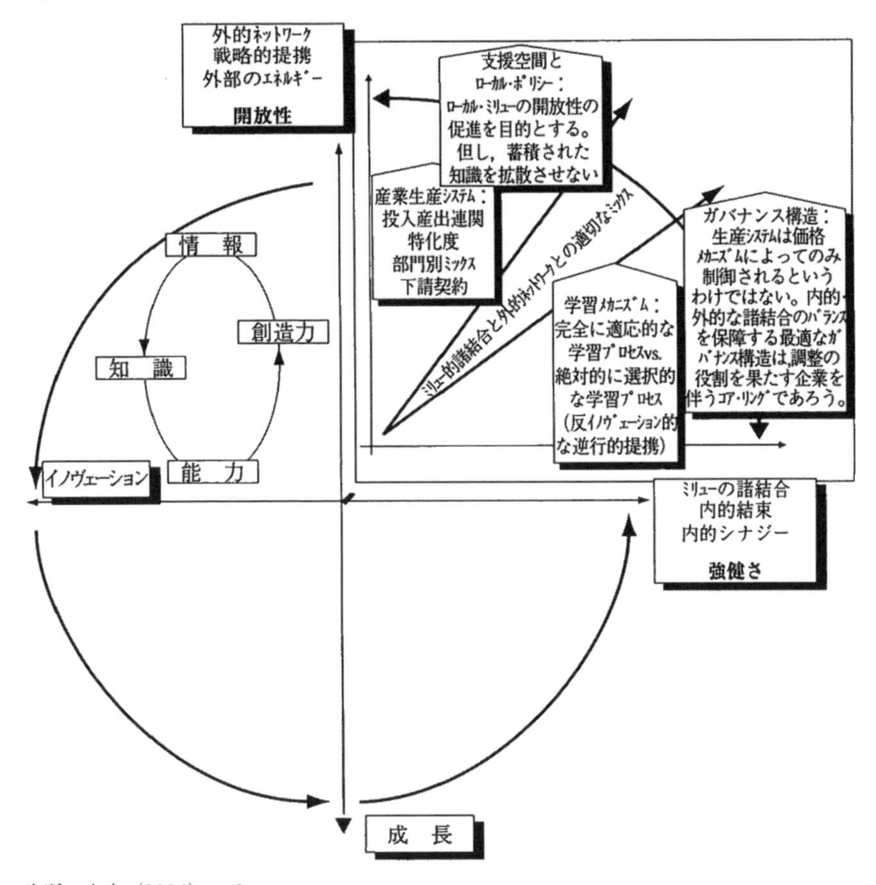

出所：山本（2004），p.9
出典：Bramanti & Ratti (1997), p.38

4. コンヴァンシオン経済学（EC: Économie des Conventions）の制度と生産

近代経済学が前提としてきた純粋な市場理論の主要な問題は，取引コスト理論に示されるように情報コストをゼロとみなす市場経済モデルである。コース

(1937) が，情報の非対称性があるために組織による経済活動が不可欠であることを示して以降，市場と組織との経済活動の原理を統一しようとする研究が進んできた。

取引コスト理論やゲーム理論は完全合理性を前提とした完全情報が必要となる。だが，サイモン限定合理性理論で完全情報は現実的ではないことを示した。そこで情報の非対称性を克服し知識を共有するための仕組が必要となる。産業集積理論の視点から「知識の共有」について「手続合理性」に注目して集団学習理論を研究する立見淳哉（2007）によると，レギュラシオン学派（théorie de la regulation）は，制度における共有概念が市場における交換を可能とするパラダイムを提供している。それに対しEC学派では制度ではなく，より生活的な「慣行」によって経済発展を説明しようとしていると指摘する。EC学派は，市場原理の不完全性を乗り越えるのは，合理的な個人の合意には還元されない集団的次元での慣行の介入が不可欠であると分析し，この「慣行」が経済発展の基礎となっている（Batifoulier 2001）とみるのである。

5.「生産の世界」論（World of Production）

生産活動が成立する基盤の特長によって取引に必要な「慣行」の違いがあり，それにより人々の志向のあり方を分類する試みがある。サレ=ストーパー（Salais and Storper 1993, pp.169-193）が示す「生産の世界（Les mondes de production)」では市場における製品の品質機能の情報の非対称性に対する取引コスト学派の限界をコンヴァンシオン経済学派の「慣行」によって克服するために，4つの生産の世界に分類する視点をつくっている。

サレ=ストーパー（1993）の「生産の世界」論では，経済活動が実現し持続可能となる「慣行」のあり方を「市場と生産技術の質」の2つの軸で分類する（図表10-2)。この図表10-2は，サレ=ストーパーによる図であるが発表時期の原稿に差異があることから，それらを筆者が総合して訳した。

縦軸（右）で表されているのは市場の軸で，その製品の需要の「不確実的と

図表10-2　生産の世界

		専門化された製品	標準化された製品		
		個人間協働の世界	市場競争の世界		
専用製品	質の評価	価格での購入者満足	特定領域での標準	不確実的	市場
	競争	品質で	第1に価格で 第2に品質で		
	需要変動	不確実, ローカルで市場品質	ローカルで一時的		
	調整形態 対外 対内	 数量で 市場（品質，価格）で	 品質，数量で 数量，価格で		
汎用製品	質の評価	科学的基準に内在	一般的工業的標準	予見可能的	
	競争	学習で	価格で		
	需要変動	確実（リスク＝0）	一般的，一時的リスクと 品質の危機		
	調整形態 対外 対内	 品質と数量 品質	 数量 数量		
		知的生産の世界	工業生産の世界		
		多様性/範囲の経済	規模の経済		

出所：Salais, Robert, Storper, Michael. (1992) “The four ‘worlds’ of contemporary industry”, Cambridge Journal of Economics, 1992, 16, p.172.
Salais, Robert, Storper, Michael. (1993) *Les Mondes de Production: Enquête sur l'identité Économique de la France*, Paris: Édition de EHESS, p.43.
河村則行（2009）「ポスト工業社会と不確実性―「生産の世界」論からの考察」『名古屋大学社會学論集』Vol.30，名古屋大学文学部社会学研究室，p.72より作成。

予見可能的（確実性）」でさらに2つに細分類する。横軸（上）は，その製品の生産において必要とされる生産技術の質で，その技術特徴を「専門化（特殊性）と標準化」の二つに細分類する。

これら4つの世界は，それぞれの製品が持つ需要の特徴と組織技術やオペレーションと組織秩序の原理に基づいて分類されている。これらは市場での競争要因（価格か品質か）と企業間関係（競争と協働）の秩序を形成する基盤となっており，それぞれの世界を秩序立てるものは慣例，しきたりで説明される。そして，それぞれの世界の生産組織の秩序形成（原材料の活用での調整と柔軟性）は，慣例，しきたりの中で形成されるアイデンティティを産み出し，その多様性と利潤最大化戦略の多様性とを表してもいる。

ビデオレコーダーを例に考えると，録画機器製品市場では，その領域での標準化があり，規格は国際的に均一であって価格競争の世界である。価格競争が第1優先とされ品質は2次的となる。生産組織内での調整は品質と数量がコントロールされ，組織外への取引では販売数量と価格によって調整される。これは右上の市場競争の世界に当てはまる。

独立職人の間での協働によるオーダーメイド製品などは左上の個人間協働の世界である。新薬開発などの市場からの需要に対し効果優先の科学的技術による製品生産は左下の知的生産の世界である。同じ薬でもジェネリック製品のような特許フリーで価格を優先して作られる製品生産は，右下の世界である。

「生産の世界」論では，分析の焦点は「製品」であり，製品の製造における「労働の調整」と製品を媒介にした「生産者と消費者の調整」を重要視した相互行為の調整の円滑化を分析対象としている。市場が完備されるには情報の非対称性を克服しなければならない（Akerlof 1970）が，製品情報の生産者と消費者での共有は存在する世界のアイデンティティと慣行があらゆる規則と合意を担保する。この慣行によって相互行為を理解し相互期待を形成する。これが集団として共有した慣行を持つことで一体化した集団で経済活動のルーティン行為を行うことが実現される。

立見（2007）によると，「生産の世界」論は集団による学習メカニズムの特徴を分類する理論であり，そこでは情報から事物を認識する4つの世界があり，それらがアイデンティティと共有された慣行（コンヴァンシオン）によって4つの世界が相互補完しあっており，環境変化に応じて各集団が自己を変化できるとする考察方法であると指摘している。

6. スピンオフによるアントレプレナーの起業と地域

長山宗広（2010）によると伝統的産業の集積に対し，コンピューター・ソフトウェアのような新産業の集積では，スピンオフの連続がみられるという。スピンオフとは「勤務先企業など母体組織からメンバーが自発的に飛び出して創業する行為」である。長山は，アメリカのシリコンバレーのハイテク企業の集積にスピンオフ企業家（本書でいう「起業家」）の連鎖的発生というスピンオフ連鎖に着目し，日本における静岡県浜松と北海道札幌のソフトウェア集積の事例から，その特徴の一般化を試みている。

そこで共通の特徴として，フラットで研究プロジェクト的な人間関係を持つ母体組織（スピンオフの基となる組織やコミュニティ）があることがあげられる。市況の変化等による業績悪化によって母体組織の経営判断でフラットなコミュニティが衰退すると，研究志向の起業家はスピンオフ第2世代企業を設立する。ただしソフトウェア産業は新しい技術のためその技術蓄積が浅く，市場規模の急成長がみられ，労働集約的で初期投資がほとんどいらないという創業に適した条件があることも幸いしている。ソフトウェア第2世代企業内部の経営判断でフラットな研究型コミュニティが衰退し，開発製品の方向への意見が分かれると，さらに第2世代企業からスピンオフした起業家が第3世代企業を起業するというスピンオフ連鎖がみられる。

長山宗広（2010）によると，母体組織では，会社を創業する際に必要な知識やスキルを「観察的」に学習でき，チームリーダーになると「経営者」となるための経験を学習できることがある。また同時に技術者や研究者のコミュニティで製品開発の手法を学べるという二面の能力を得られ，スピンオフ連鎖が実現するという。また第2世代企業のコミュニティには受注した顧客をも巻き込んだ実践コミュニティを形成する性格が強いことがいえるという。これはピオリ＝セイブル（1984）の「専門的中小企業の柔軟な連鎖」であり実践コミュニティをベースにした信頼関係と相互支援があることになる。

こうしたスピンオフ連鎖と地域との関係としては，スピンオフ連鎖によって実践的コミュニティの数が増えること，また各実践的コミュニティが顧客や異質なメンバーを加えて拡張していくことにより，スピンオフを起こすコミュニティとネットワークがその地域に形成され，それがまたさらにスピンオフ連鎖の原動力となるということである。長山宗広（2010）の研究に加えて，スピンオフ連鎖の地域的集中は，研究者や開発者が持つナレッジマネジメントによる暗黙知のすり合わせが行いやすいという点も考えられる。

7. 組織規模に対応した組織の危機

スピンオフが母体組織の管理的経営の強化と関係しているのであれば，企業の成長と管理組織の変化がアントレプレナー育成に影響を及ぼすことも考えられる。ラリー・E.グレイナー（Greiner, L.E. 1979）は，企業規模が大きくなるにつれて5つの組織的危機が発生するという「5段階企業成長モデル」を示した（図表10-3）。

組織の在り方について，①組織の年齢，②規模，③進化の段階，④革命の段階，⑤産業の成長率，が組織を決める要因で，経営の問題の根源は「時間」であるとした。グレイナーは成長が早い企業は線の傾斜角度が急で，遅い企業は傾斜が緩やかになると示している。よって時間軸が示されているが，組織の危機は主に人数に影響されると考えているのである。そこで示されるのは人的規模の大小による要因である。また成長する企業は，①調整とコミュニケーション，②新しい職能の出現，③上下階層の増加，④仕事相互の関係など，新しい課題を抱え，革命期を迎えることになる。グレイナーは，組織規模が大きくなるにつれて5段階で，調整とコミュニケーションの在り方がうまくいかなくなり，組織は危機を迎えるという。

創業期は技術者，研究者による新製品の創造性によって成長して行き，起業家によってつられたフラットで自由な人間関係の組織のまま構成員が増えていく。すると増員した人員を管理できなくなり，リーダーシップの危機が訪れる。これはリーダーシップのある管理能力の強化で克服できる。するとさらに

図表10-3　企業成長に伴う“フシ”

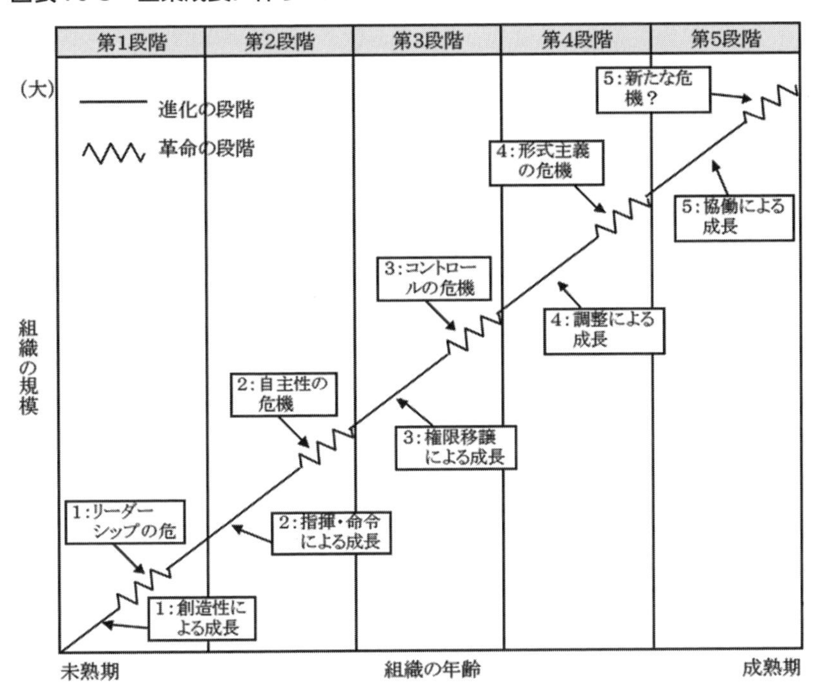

出所：ラリー E. グレイナー（1979）EVOLUTION AND REVOLUTION AS ORGANIZATION GROW「企業成長の“フシ”をどう乗り切るか」『ダイヤモンド・ハーバード・ビジネスレビュー』jan.-Feb.

管理強化された組織による成長が進むが，管理された構成員は仕事に対して受け身となり，自主性の危機が訪れる。これは経営学では「官僚制の逆機能」という。この問題への対処としては，各部署に裁量権を与え自主性を発揮できるようにして克服できよう。するとその組織は部門ごとに自主性を発揮して成長して行くが，次の危機は部門間の調整が上手くとれなくなりコントロールの危機が起こる。この部門間の調整をうまく作り出すためには，規則とシステムを作り出すことで危機を克服できる。だが，企業が発展すると規則とシステムへ依存するために，巨大化した組織は，リーダーと現場の距離が疎遠となり信頼関係が失われていく。これは再び「官僚制の逆機能」が起こると理解してよいだろう。これを克服するためには，再び巨大化した組織の中で各自が主体的に関わりながら協働することを認めることで危機を克服できる。

このように自発性，創造性と管理強化を交互に繰り返しながら，企業規模は大きくなっていくとして，それぞれの規模の段階での自発性，創造性が示されており，またその解決が次の成長を生むがその成長が次の危機を生むという弁証法的発展の捉え方が示されている。これは螺旋的発展ともいえる。またグレイナーは，それぞれの“フシ”の克服を「革命」という言葉を使っているが，新たな組織の方式や人間関係の構築が必要となったとき，そこには成長を支えてきたリーダーが役割を終えたことを理解し，リーダーとしての地位を離れる必要があることにある。人間にはなかなかそれはできないし，またそのタイミングが何時であるかを知ることは難しい。そのため場合によっては強制的な手段で身を引かせる「革命」的な対応が必要となることになる。グレイナーはそれを避けるには自ら考え行動できる「教育」が重要であると説いている。

8. 日本企業でのスピンオフにおける諸問題と地域性による克服の可能性

さて，この企業成長モデルは，とくにアントレプレナーと地域の関係を示しているものではないが，スピンオフの連鎖と合わせて考えると，興味深い結果が仮説として浮かび上がってくる。企業の成長と危機は企業の規模に応じて構成員の意識変革を必要とするということだ。組織改革の在り方によっては，技術者や研究者が構成員個々の志向性を貫くにはスピンオフする必要に迫られることになる。これを企業の側からみると企業規模の増大と組織改革を妨げず，また貢献してきた技術者や構成員の意思をも尊重する方法としてスピンオフを受け入れ，社外で新たに地域ネットワークとしてつながることで，結果的に双方にメリットをもたらすように試みてきたとも考えらえる。

日本の企業は従来，「終身雇用制」と「年功序列」という雇用制度であり，高度経済成長期の人手不足への対策として，制度設計上，定年前での退社による年金や退職金の還元率が低くなるような制度設計をおこなってきた。よって，その制度においてスピンオフは若年時に生産性以下の報酬に甘んじてきた個人にとっては犠牲が大きくなる。また終身雇用的心理により身を引くことが困難である場合，自らの志向性を組織内で貫こうとして抵抗感は強くなるだろう。これら組織内の人間関係の強固な形成ゆえに，内と外の区別意識が強い日本的心理は，さらに企業と退職者とのスピンオフ後の関係構築を難しくしている。

しかし，長山宗広（2010）の研究にみられるように浜松や札幌のような地域コミュニティが存在し，その支援でスピンオフへの心理的抵抗が低くなれば，イノベーションを連続的に生み出せる地域性を獲得できるだろう。ここに大学や行政の支援が加わり，産業クラスター政策が支援することで様々な産業で連続的なイノベーション・クラスターを生み出せる可能性がある。

9. 風土における中小企業の競争力

地域における経営の特殊性を「風土」として考察する研究がある。百瀬恵夫（1969）は風土を「ある土地の気候，地質，地味，地形，景観などの総称として，環境の中で人間が抱いた自然観が風土の背景としてある」としている。そして風土は人間の「歴史的風土」なのであり，資本主義的経済社会の生産過程は，風土的規定を脱してきているように考えられがちだが，それは大きな誤謬を犯していると指摘している。生産に使用される機械が同じであれば，どこの国，いずれの地方においても産業が同じであるかというとそうではないからだ。

イギリスと同じように日本でも近代産業の勃興期に紡績産業が繁栄したのは，紡績に必要な一定の湿度などの両国に共通する風土的条件があったからだといえる。近代産業の発展を可能にした熟練工，技能工の存在が，労働力過剰による若年女子労働の低賃金にあったことによる点など，産業を支えた人間存在の構造に風土的影響があり，資本主義経済の生産関係である企業経営にもこの風土的規定が影響するのである。

アメリカの経営理論が，日本の風土を背景とした企業経営に押し寄せ，物質的要素の合理化，近代化が技術革新をもたらし，先進資本主義国の生産管理を導入しても，日本企業は経営管理の特質を規定する人間関係の構造までをも容易には変化させにくい歴史的，社会的風土性を根強く持っている（百瀬 1969, p.3）。国際競争力の時代を迎えているが，日本の風土を無視した経営学の導入は育たないばかりか，かえって自殺行為にもなりかねない。日本の製品は，それ自体特徴を持つものであり，独特の国際競争力を持った商品の開発を通じた企業の国際化でもある。そこで百瀬は「大学は国際的な経営科学の追求を重視し，中小企業は風土と経営の関係のなかから，独創的な能力を開発した経営を追求することが，これからの国政経済下における企業経営の姿であろうと思う」と述べている（百瀬 1969, p.11）。

地場産業の生成も風土との関係でとらえる必要がある。高知の自然的風土が土佐人特有の精神的風土を規定し，さらに自然的風土が地場産業にも規定している（百瀬 1969, p.15）。中国，日本に比べてアメリカが合理性と科学性の追求により，もっとも近代化された世界最大の資本主義国となりえたのは，新興国家の形成過程に風土的規定を受けた社会的性格が比較的少なかったために，合理性追求の経済社会が構成されるうえに好都合であったからといえよう（百瀬 1969, p.38）。

中小企業が風土の影響を強く受けるのは，中小企業の生産品の需要構造が大企業と比べそのスケールが小さいため，かりに全国商品であっても消費者の層は非常に浅いので，地域性の高い商品で，消費量も生産規模に見合った生産工程と生産要素の効果的な管理ですみ，人的労働力の比率が高い作業内容となるのが一般的だからである（百瀬 1969, p.44）。

ヨーロッパにおいても，当時旧西ドイツでは，西欧の技術や技術中心の教育を，国家の教育行政が体現している。欧米の企業経営に学びながら，真に日本的風土における企業経営がいかにあるべきかを考え，実行されなくてはならない（百瀬 1969, pp.99-100）。

風土における中小企業論は，1969年という高度経済成長の余韻に包まれている時代に今日を予測した優れた視点と言えるだろう。現代的に解釈すれば，風土には自然的，地域的要素の他に，個性と相互理解の人間コミュニティとしてのネットワークが加わるだろう。ボランティア組織，非営利組織はアメリカの風土の中で目覚ましい発展を遂げてきたが，日本でも同様にそれらの組織が発展しつつも，それらは極めて日本的に発展している。また，同じ文化を共有するコミュニティを通じて個人の能力が緩やかにネットワークで繋がる仕事のスタイルも日本的に登場し始めている。ということは，アメリカの経営理論は多くの部分でアメリカの風土を背景としているということになる。よってそのアメリカ経営理論をそのまま日本の風土を背景とした日本企業に移植しようとしてもよいものか疑問なのである。

情報技術とデータ処理やアプリのような情報製品市場の拡大は，風土的地域性によるオリジナリティが競争力を持つ場合もあり，かつグローバルな領域で一定の規模を満たせば済むことになる。例えばあるエリアのニーズしか得られない小規模な生産量である場合は中小企業であることが最適となる。それに加えて，あるエリアでは採算に合わない少量でも世界中を見渡せば一定規模の量となり中小規模での生産量で実現可能なオリジナルな製品を開発できる場合もある。つまり今日の情報ネットワーク社会では，物理的地理的領域に加えてネットワーク空間にある指向性の同質性による市場が新たに登場してきている。この情報ネットワーク市場の登場が，中小規模事業での成功の確率を益々高めているといえよう。

例えば岐阜県大垣市の有限会社大橋量器は枡の生産専門であるが，国内市場の衰退の中で，日本酒の世界進出とともにインターネットを活用して枡のグローバル販売を行っている。また枡の組子技術を応用して，海外のデザイナーと協働した花瓶や電気スタンドなどの新製品の開発とグローバル販売を実現している。この事例は風土的地域製品の小規模製品におけるグローバルでの実行可能性を示す事例である(1)。さらに加えて金融の面ではクラウドファンディングのようなネットワークによる資金調達も急速に発展し，中小規模生産での多様な製品生産の発展の可能性が広がっている。

【注記】

(1) 大橋量器公式ホームページhttp://www.masukoubou.jp/

※本稿は，安藤信雄（2017）「農村におけるアントレプレナー育成要因に関する分析モデルの考察」『中部学院大学・中部学院短期大学部研究紀要 第18号』中部学院大学総合研究センター，pp.41-51の論文の一部を使用した。

第11章 産業構造と中小企業

1. 産業構造とは

一般的には「産業」の意味は，企業が生産する財の在り方を示すが，ここでは製品に規定された企業の事業活動の在り方という意味で使用し，「産業構造」は，製品生産の過程で連携する複数の企業間関係の在り方を示すものとする。よって産業構造の研究は，製品生産の過程で必要となる複数企業の事業連携の形成や関係性の研究となる。

産業構造からみた場合，中小企業の集団形成では，独自に最終消費財の市場を形成している中小企業を除き，大多数の中小企業が，大企業や問屋などの組織した企業集団に編成されており，生産に必要な原材料の品質・価格・数量を指定されて業務を行うことが多い。完成品の部品生産や製品組み立て，製品販売を請け負うが，通常は完成品の生産量や販売価格に最終決定権を持たない。また大企業が組織する企業集団内部で中小企業は，部分生産工程や部分流通過程を担うことが多い。しかし中小企業自体は，企業集団を組織する大企業の経済的・経営的拡張を直接目的にはしていない。中小企業自体は大企業の組織する企業集団内においても中小企業経営独自の事業拡大に向けて，一企業として独自の経営活動をする自律的企業である（吉田 1999, pp.17-18）。

製品構造の高度化に対応して産業構造の高度化が進むと中小企業は増加する。製造業のみならず，商業・サービス業においても産業構造の高度化は大企業を中心に進められてきたが，中小企業も大企業に対する比重をほぼ変えずに増加し，大企業と併存してきた（佐竹 2008, p.17）。

産業内で製品機能が高度化し製品構造が複雑化すると，その複雑さの特徴がその地域の産業構造の特徴を形成していく。その国や地域の生産活動の在り方が産業構造として現れる。例えば，その地域の産業の割合で農業の割合が大きければ，農業関係の化学，機器，加工，金融等の産業が有機的に連携する産業構造が形成される。自動車工業の割合が大きい地域では，輸送機器の部品製造や設計，工場に対する保守やサービス業などが有機的に連携した相互関係の構造を作り上げる。このようにその地域の産業構造は，主要産業の製品構造によって決まってくる。また，産業構造は，製品構造の変化につれて変化し，大きな意味ではその国の文化や国民性の形成要因の背影ともなる。

2. アーキテクチャとモジュラー化

製品アーキテクチャとは，製品の機能を物理的な構成要素に割り当てるスキームである（Ulrich 1995）。スキームとは，全体の枠組み，計画などを意味する言葉である。製品アーキテクチャとは，製品の物理的構造から，生産方法を計画したり，製品・工程・事業活動など物的・非物的な構成要素の機能や構成要素間の相互関係を決めたり分析したりすることである。

複雑なシステムを作り上げる有効な手段として，「準分解可能性（nearly decomposability）」という考え方がある。サイモン（Simon 1996）が提案したシステム分析の手法である。サイモンは，準分解可能性を複数の部屋の温度の変化で説明している（図表11-1）。今A，B，Cという部屋の中にA室はA1，A2，A3と3つに仕切られていたとしよう。B室はB1，B2と2つに仕切られ，C室はC1，C2，C3と3つに区切られているとしよう。A1室の温度が変化すると，その熱は時間をかけてA2へ伝わり，さらにA3へと伝わる。だがB室にはほとんど伝わらない。しかしさらに時間がたつとB室の小部屋へも熱は伝わっていく。C室に伝わるにはB室へ伝わった後時間がかかる。このようにあるシステムは全体で一つの機能を果たすのだが，その中には小部屋のように変化や繋がりが強い関係の部分と，弱い関係の部分がある。（Simon 1996, p.238）

製品をシステムとしてみると小部屋である部品は，繋がりの強い関係にある部品と弱い関係にある部品がある。ある部品A1の形状や機能を変えると，それと密接に関連するA2も影響を受け設計を全面的に変更する必要があるが，

図表11-1　準分解可能システム

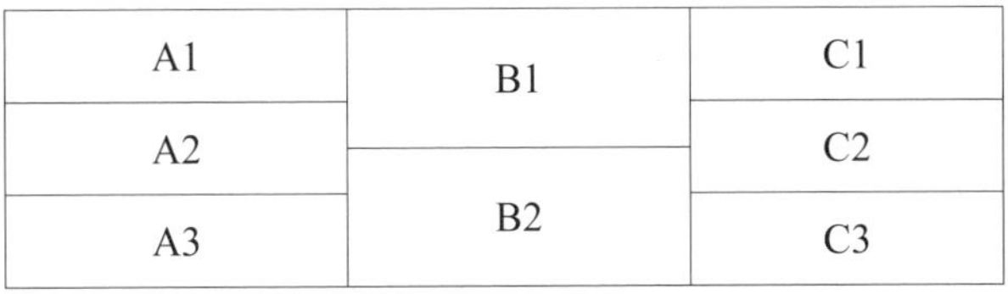

<table>
<tr><td rowspan="2">A1</td><td rowspan="3">B1</td><td rowspan="2">C1</td></tr>
<tr></tr>
<tr><td rowspan="2">A2</td><td rowspan="2">C2</td></tr>
<tr><td rowspan="3">B2</td></tr>
<tr><td rowspan="2">A3</td><td rowspan="2">C3</td></tr>
<tr></tr>
</table>

Simon, Herbert A. (1996), 邦訳p.238

A3はさほど変更しなくても済み，Bはほとんど変更せず，Cには全く影響がないというように準分解可能システムとなっていると，一部品の設計変更が影響を及ぼす範囲がシステムの一部に限定されるので，設計変更の自由度が増え，労力も費用も節約できる。

製品アーキテクチャは，準分解可能システムでみるような分割される部品に分けることができる。つまりある部品を作る工程も他の工程に最小限の影響しか及ぼさないということだ。それぞれの部品の「繋ぎ手」（これをインターフェースという）の部分の設計も，準分割可能性を意識しておくことが重要である。もっとも準分割可能性を発揮できるインターフェースは，製品に依存しない標準化された規格である（藤本・武石・青島 2001, p.4）。

この準分割可能性の程度による製品構造の分類としては，「モジュラー型」と「インテグラル型」という区別がある。「モジュラー型」は準分割可能性があるものをいい，「インテグラル型」は準分割可能性がないか，ほとんどないものをいう。また企業間取引の形態による分類として「オープン型」と「クローズ型」の区別がある。「オープン型」は，市場売買で誰でも購入が可能な部品で，その仕様は公開されている。例えば秋葉原電気街で複数の部品を購入し組み立てるラジオキットのようなものだ。他方「クローズ型」は，部品設計のすり合わせが必要で複数の職人が建設するオーダーメイドの1戸建て住宅のようなものであり，その仕様は原則として公開されていない。これら2つの要素でみたそれぞれ2つの軸で製品のアーキテクチャを分類しよう。

3. モジュラー型（組合せ型）とインテグラル型（擦合せ型）

縦軸にオープンとクローズの軸をとり，横軸にインテグラルとモジュラーの軸をとるとクローズ・オープン型，クローズ・モジュラー型，オープン・インテグラル型，オープン・モジュール型の4象限の分類ができる（図表11-2）。

(1) モジュラー構造（アーキテクチャ）の特徴

モジュラー構造をモジュラー・アーキテクチャといい，その製品は構成する各部品の独立性が高く，各部品は自己完結的に機能し，部品は互換性があり信号やエネルギーのやり取りは複雑ではない。寄せ集め設計でも十分に製品機能が発揮できる。言い換えればモジュール部品の設計者は，インターフェースのルールを守れば，他の部品の設計への影響を気にせずに独自の設計ができる。例えばラジオと無線接続できるスピーカーからなる音響セットを製品化するとき，無線スピーカーの設計者は，ラジオとの電波受信のルールに従えば，あとは自由に設計できる。「この手の製品の場合，全体でたとえば10個の機能の束を達成したいというとき，対応する10個の部品があって，それぞれが1個の機能を完結的に受け持っているのであれば，その10個の部品を寄せ集め的に結合することにより，製品全体の機能が達成される」（藤本・武石・青島 2001, p.5）。したがって，市場で販売されている最も安価な既存の汎用部品を「寄せ集め」て設計しても製品機能を実現できる。

(2) インテグラル構造（アーキテクチャ）の特徴

インテグラル構造をインテグラル・アーキテクチャといい，その製品は，機能と部品群との関係が複雑に入り混じっているものを指す。例えば自動車が典型的だ。自動車は，ボディ，エンジン，トランスミッションなど，すべての部品が相互に微妙に調整しあって製品の力を出し切るように設計されて，システムが機能している。「エンジンの重心がアクセルよりわずかに前にあるか後ろにあるかで製品の性格に大きく影響してくる」（藤本・武石・青島 2001, p.5）。

図表11-2　アーキテクチャの分類

	インテグラル	モジュラー
クローズ	・複数の部品結合が発揮する機能との関係は複雑。 ・構造要素間インターフェースは複雑でルール化されていない。 ・インターフェースは一般に公開されていない。 事例：自動車，オートバイ，小型家電。	・複数の部品結合が発揮する機能との関係は単純。 ・構造要素間インターフェースは短銃でルール化されている。 ・インターフェースは一般的に公開されていない。 事例：汎用コンピュータ，工作機械，レゴ（おもちゃ）。
オープン	理論的には存在可能だが，実際は存在しない。	・複数の部品結合が発揮する機能との関係は単純。 ・構造要素間インターフェースは単純でルール化されている。 ・インターフェースは一般的に公開されている。 事例：パソコン，パッケージソフト，自転車。

出所：藤本・武石・青島（2001），p.6と柴田・玄場・児玉（2002），p.29を参考に筆者作成

各部品の設計者は，互いに設計の微調整を行い，相互に緊密な連携をとる必要がある。

この場合，各部品の設計の在り方は強く影響し合うので，例えば，部品Aの設計変更は他の部品Bの特定部分を設計変更する必要が生じ，そのBの設計変更によるB機能の変化がAにも影響するため，再びAも調整するというキャッチボールを繰り返しながら，両部品の高度な機能を作り上げていく。つまり各部品間の設計者は他の部品の設計者と情報や意見，考え方を擦合せながら製品を完成していくのであるから，各設計者の意思疎通や連絡の頻度も多くなり，経験の共有も必要となってくるので，設計技術のみならず人間関係の構築も必要となってくることが多い。

(3) オープン構造（アーキテクチャ）の特徴

オープン・アーキテクチャの製品は，基本的にモジュラー製品である。またそれがシステムを構成する部品であるとき，インターフェースは特定企業内の特殊な基準ではなく，多くの企業で使える標準化された仕様となっている。例えばパソコンのメモリは，ソケットの部分が標準化されており，どのメーカーのパソコンにも挿入することができる。それ故，あちこちの企業から寄せ集めた最も安価なオープン・アーキテクチャ部品を寄せ集めて製品を設計できる。

(4) クローズ構造（アーキテクチャ）の特徴

クローズ・アーキテクチャ製品は，モジュール間のインターフェースがオープンではなく，つまり特定の企業や使用者の独自の設計になっており，原則的に公開されていない。例えば，スマートフォンでは，CPU（演算装置）とメモリの通信規格が一般的なオープンのインターフェースでつなげると，CPUやメモリの性能が高度化しても，インターフェースの速度以上には性能が高まらない。そこでCPUとメモリの性能を最大限引き出すインターフェースを新しく独自に開発する必要がある。それらの部品は他の機種では使用できないが，高機能を発揮でき，類似製品と差別化できる。また差別化できるので容易にまねのできないように特許を取得したり仕様を公開せずに秘密にしたりする。このような製品の各部品はモジュラー型なのでクローズ・モジュラー・アーキテクチャとなる。

4. 製品のヒエラルキー構造

さて，製品全体から見ると，すべてがモジュラー型かインテグラル型でできているとは限らない。例えば，自動車の電気系統の基本は，バッテリーやオーディオ部分はオープン・モジュラー型だが，乗り心地を左右するサスペンションは他の部品とクローズド・インテグラル・アーキテクチャとなっている。一般に製品機能は，その機能を実現する複数のサブシステムに分解でき，そのサ

図表11-3　自動車の開発・生産・消費における複合ヒエラルキー（概念図）

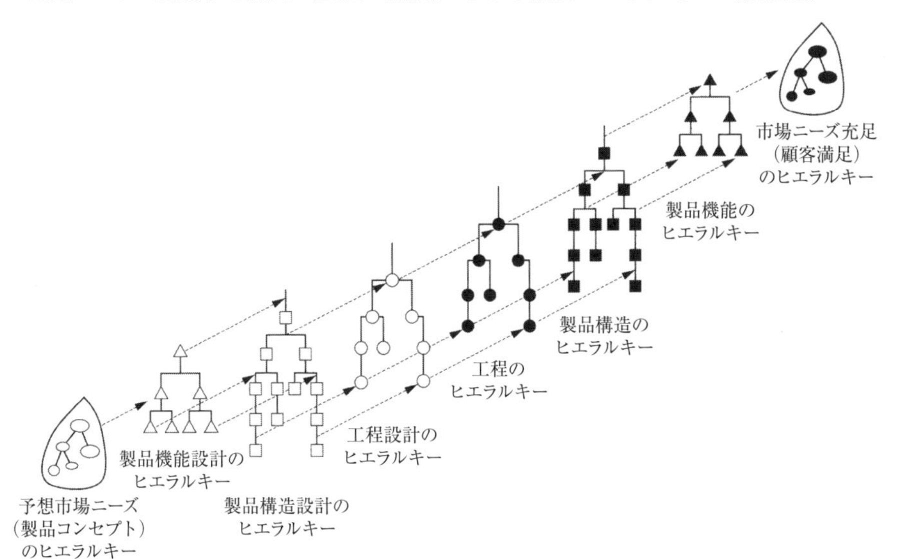

出所：藤本隆宏・武石彰・青島矢一（2001），p.8

ブシステムはさらにその下位の複数のサブシステムによって構成されるピラミッド構造，すなわちヒエラルキー構造となっている（図表11-3）。これはそれぞれのサブシステムを生産する工程を特徴付けている。

アーキテクチャとは部品間のインターフェースを決めることであり，それがクローズドであるかオープンであるかは，工程間関係に投射される。例えば自動車にとってバッテリーはオープン・アーキテクチャなので，バッテリー生産企業と自動車企業の間では，オープンな市場を通じた取引が合理的となる。だが自動車のエンジンと重心の位置とサスペンションの関係は，インテグラル型であり，それぞれの生産企業は，緊密に調整と擦合わせを重ねる必要があるので，企業間の情報共有や特許の詳細および設計思想の共有などが重要である。寄せ集め部品のようにはいかない。

このように製品は，オープン，クローズ，モジュール，インテグラルという様々な部品を組み合わせるのだが，それぞれの部品の技術的変化に応じて，サブシステムの分化を再編させる。柴田友厚・玄場公規・児玉文雄（2002）は，これを「サブシステムへの分断」として，次のように概念化している。「個別に設計された複雑なサブシステムは，最終的には1つの全体システムとして有機的に統合されて機能する必要があるが，その際，全体システムが優れた性能，信頼性，拡張性を発揮できるかどうか」は，システムのサブシステムへの分断の仕方にかかっている。ゆえに分断とインターフェースの設定がその製品全体を大きく左右することになる。

また「適切なサブシステムへの分断方法を見出すことは容易ではなく，システム全体に関する知識とノウハウの十分な蓄積が必要とされる。したがって，サブシステム間の関係性を確信してゆき，うまい分断方法を見出してゆくプロセスの背後には学習過程が存在」し「分断による学習」が進行すると，「構造要素間インターフェースはルール化される方向へ変化する」。その結果「分断による学習」が，サブシステム間の関係性をより独立性の高い関係性へと革新し，結果としてオープン・モジュールへと単純化された関係をつくる。しかし，画期的な要素技術を採用しようとすると，サブシステムへの分断方法が見直されて，これまでのサブシステム間の関係性に関する知識は有効性を失い，サブシステム間の相互依存関係が強くなり，再びインテグラル・アーキテクチャへ向かい，システム複雑性は増大するのだという（柴田・玄場・児玉 2002, p.154）。

5. 製品アーキテクチャと企業間関係

製品アーキテクチャは，サブシステムである部品間関係を規定すると同時に，その部品生産工程を構成する企業と企業間関係も規定することとなる。図表11-3の様に製品アーキテクチャの構造は一般的にヒエラルキー構造を作ることから，企業間関係もヒエラルキー構造となる。セットメーカーを頂点とした部品企業のヒエラルキー構造が形成される。

インターフェースのオープン・モジュラー型であるか，クローズ・インテグラル型であるかによってこのヒエラルキー構造を投影する企業間関係をも規定することとなる。技術の独立的発展が進められるオープン・モジュラーの部品を生産する企業は，部品納品先企業との関係でも独立性が高く，クローズ・インテグラル型部品を生産する企業は，部品の納品先企業との関係で相互依存関係が高まるといえる。最終組立製品を生産する大企業と部品を供給する中小企業の関係は，このような製品アーキテクチャを投影した関係にあるといえよう。

6. 企業と組織は，機能を体現する

製品アーキテクチャにおいてクローズ型もモジュラー型も製品生産においても，組織は部品機能によって構成されている。製品は複数の機能の集合とみなすことができる。それぞれの機能を果たす部品間の結合形態が，すり合わせ的であるのか標準的インターフェースによるものかによって企業間関係が規定されてくる。

企業の形態は効率性を重視して分業や機械化が進展するが，生産している部品やサービスの機能とその組み合わせ方は組織と企業間関係の基本となることに変わりない。

第12章 下請構造と中小企業

日本における下請企業は，中小企業庁（1984）によると「大きく2つの形態に分けることができる。1つは，問屋，商社等の流通業者が自らの商品企画力，販売力を背景に，多くの中小企業を下請企業として組織している形態であり，もう1つは，完成品メーカーが，中小部品メーカー，加工メーカー等を重層的に下請企業として組織している形態である」（中小企業庁 1984）。前者は繊維関連業種，家具製造業等に多く，後者は機械関連業種に多く見られる。下請企業は親企業の生産工程の一部を担当するのが一般的である。

1. 下請構造と中小企業

戦後日本の下請企業に関する研究には，いくつかの困難があった。戦後復興期の一般的な「下請」とは，主に大企業や卸問屋から仕事の発注を請ける中小企業で，企業間関係としては発注元企業に対して従属的な関係にある企業とみなされてきた。しかし，植田浩史（2014）によると発注元企業と下請企業の「分業構造」には，製品工程の一部を外注化するという工程の位置としての技術的問題と，支配−従属関係という企業間関係の問題という2つの側面があり，これらは必ずしも同一ではないと指摘している。だが実際には1957年に「二重構造問題」が示されており，発注元企業による下請企業との独占的取引がみられ，「分業構造」と同時に「主従関係」が同一視されていた。よって下請中小企業の「前近代的」経営という問題の解消は，中小企業の自助努力による規模拡大と自立独立という「近代化」が焦点とみられていたといえよう。

戦前の1930年代に，中小企業研究が盛んに行われており，そこでの下請に関する重要な問題の一つは，発注元企業からの様々な圧力と厳しい取引条件を強いられ，企業としての発展の余地がなく，停滞的な状態にある点として指摘されてきた（植田 2014, p.102）。1930年代後半からの戦時統制経済の下で，国家政策による軍事製品の生産拡大が行われ，中小企業は大企業軍事産業の下請として動員された。この時，下請企業の技術力の発展を図って発注元企業にも下請企業にもメリットのある「協力関係」の構築が政策的に試みられたが，目論見通りにはいかなかった（植田 2004）。

2. 戦後日本における下請企業の認識変化

戦後には，日本政府の戦後経済の復興方針の基本を重化学工業と，その製品の欧米への輸出が図られ，中小工業・下請制の研究は，重化学工業を担う企業の大企業化と欧米先進国へのキャッチアップ（植田 2004）を意識しながら進められた。植田（2010）によると当初，下請け中小企業は「キャッチアップへの阻害要因として考えられ，その後はむしろキャッチアップを促進したものとして捉えられた。さらにキャッチアップの段階から1980年代のように自動車，エレクトロニクス製品などで世界のトップレベルに位置するようになると，その強さの要因のひとつとして下請制が位置付けられるよう」に変わっていったという（植田 2010, p.41）。二重構造論で示されていたように，当初は下請に位置する多くの中小企業は前近代的で経済発展の阻害要因であるとの見方であったが，高度経済成長期には下請企業は経済成長を支える重要な役割を担っているという見方へと変わり，欧米が不況期に突入した1980年代には日本大企業が世界一の競争力を持つに至ったのは，その下請企業の技術力が要因であるというように変わっていったということである。

3. 高度経済成長期における下請企業の増加

高度経済成長期には，大量生産の工程の一部を請け負いながら下請企業も成長を続け，中小企業の範囲を超えて成長した企業も少なくなかった。また新たに大量の新規に独立開業した小規模企業も増え，そこから規模を大きくする企

図表12-1　下請中小企業数の変化（製造業）

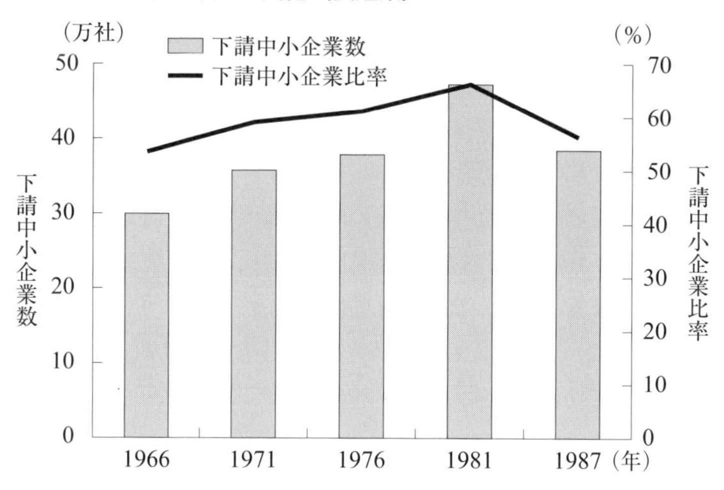

出所：植田（2014），p.103より

業も多くあった。「下請分業構造は，その担い手を量的に拡大するとともに，2次，3次といったすそ野を広げた」（植田 2014, p.103）のである。ここでいう「2次，3次」とは発注元の親企業から受注する企業を1次下請企業とすると，その1次下請企業がさらにその仕事の一部を別の下請企業へ発注するとき，その企業を2次下請といい，さらにこの2次下請企業がその仕事の一部を他の下請企業へ発注することを3次下請という。高度経済成長下では，このようにして発注元企業の生産数量の増加につれて，「中小企業の下請受注のチャンスを増大させ」て下請中小企業数も増大していった（図表12-1）（植田 2014, p.103）。

植田浩史（2014）は，高度経済成長期に下請企業は単に数を増やしただけではなく「①取引先親企業の多角化と依存度の低下，②受注内容の高加工度化，③技術水準の向上」があったという。また中小企業庁（1984）によると「わが国の下請企業は，親企業の要請に応え，正確な納期，高い品質とコスト低減による良好なパフォーマンスを実現し，その専門分野においては大企業をもしのぐ生産水準へ到達したものも現れている」と評価している。こうした

「下請企業の技術力に裏打ちされた部品や加工等は，完成品の品質や性能を大きく左右し，ひいては産業の競争力に影響を与える大きな要因ともなることから，わが国の産業構造の高度化，製品の高付加価値化の進展に伴い，下請企業の果たす役割は，今後ますます増大するものと思われる」という見方へと転換している（中小企業庁 1985, p.389）。

また日本経済の質的転換が中小企業に及ぼす影響についてはソフト業務の拡大が注目される。中小企業白書（1984）では国民ニーズの高度化・多様化が進み，企業におけるソフトな業務の重要性が認識されるようになり，技術，情報，企画，デザイン等の企業活動の中でのソフトな業務など，ソフトな業務の重要性を認識している中小製造業は9割を超えた（2部2章2節1（1））と指摘していたのである。

4. 低成長期への転換と中小下請企業強化の特徴

テレビが1970年代後半に，自動車が1980年代後半に需要飽和期を迎え，国民の大衆消費財へのニーズが飽和状態になったことは第6章で示したが，1980年代中ごろから大量生産大量消費の経済成長の中で国民に蓄えられた所得が，モノからサービスへ向かうときでもあった。今日的に言うとモノからコトへの消費の転換である。

1985年から為替相場は250円から130円へと急激な円高が進行した（図表12-2）。この原因は日本企業の競争力が高くなり，アメリカへと工業製品が大量に輸出されたことと，円高のデメリットを補うために欧米へ工場やオフィスを新設したり，現地法人を設立したりして，さらなる日本企業の競争力が強化されたことがあった（図表12-3）。製造業で劣位に立たされつつも，金融サービスで優勢であったアメリカ政府が，自国の金融サービス企業の日本市場への開放を目的に，金融市場の自由化を求めた。円高は日本国内から海外へ輸出する企業の利益を減少させるため，日本政府はこれ以上の円高進行を抑える合意をアメリカに取り付けるかわりに，アメリカの利下げとの同調要求を受け入れ

図表12-2　為替レートの推移

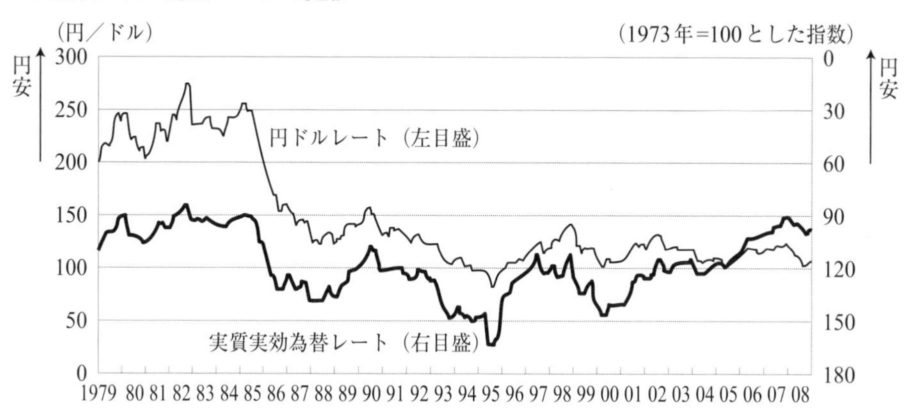

出所：内閣府・経済社会総合研究所（2011），p.539より

図表12-3　日本の対外直接投資届出実績

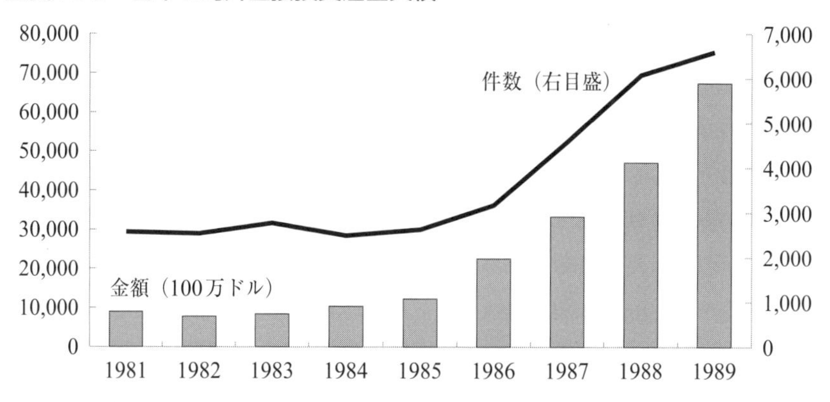

出所：内閣府・経済社会総合研究所（2011），p.352より

た。当時，アメリカは国内景気の悪化のため金利を下げたいが，強いドル政策により海外からの石油購入代金を安くするためにドル高をドイツ，日本に求めていたからだ。こうして日本では円高，貿易黒字，国内マネーの増加，日銀の低金利政策の複合要因によって未曽有の株・土地資産のインフレが進行しバブ

ル経済へ突入していく。

この時期，中小企業庁（1985）は「下請企業実態調査」（昭和59年12月）を解説して，「下請企業であることの長所として『受注・販売活動を積極的に行う必要がなく，生産に力を注げる』という点をあげる企業が54％と最も多く，下請企業は自社の生産部門における生産技術の向上に努めてきた」。つまり発注元大企業による販売促進活動を利用して，下請企業は生産部門の技術力と生産性向上に集中できたのである。さらに「とくに親企業からの指導や援助は，下請企業の技術水準の向上に大きく寄与してきた」として，発注元企業から技術力を吸収していく。一方，発注元企業は，技術指導を強めながら「並行して，技術水準の高い下請企業を選別して指導・援助を行っていく」ことで，技術指導についていけない技術水準の低い中小企業を切り捨てる「選別」という動きも見られた。「下請企業実態調査」によれば，発注元企業の15％が「技術水準の高い下請企業を優良下請企業として育成する方針としている」（中小企業庁 1985，2部2章3節1（1））。

アメリカでは，発注元企業と下請企業の分業構造の基礎となるのは対等な企業間の契約であり，発注元企業からの指導や援助は，かえって独立した企業への経営干渉として歓迎されず，通常は行われない（中小企業庁 1984）。これに対し，日本企業は下請企業を選別しつつ育成することで発注元大企業の競争力の基盤としてきたことが，日本的企業間関係の特徴といえよう。

中小企業庁（1986）によると日本の下請分業構造は，①工程が多段階に細分化されている，②取引関係に長期継続性がある，という特徴により①効率的な役割分担，②情報コストの節約，③情報伝播の円滑化で極めて効率的となっているという。植田（2014）によると，これを「日本的下請システム」として，外製率は高いが限られた外注先との間に密で長期的・安定的な関係を形成している点に特徴があり，品質・コスト・納期は厳しく管理され，発注元企業と下請企業で同質化しており，日本の製造業の優位性の要因となっている。また，この日本的下請システムには多様な規模の企業があり，「下請」に替わって「サプライヤー（supplier）」という呼称が用いられるようになったという。

こうした特徴が発展していくのは1973年石油危機以降であり，1980年代に同質化が確立していく（植田 2014, pp.105-106）。

5. ピラミッド構造と山脈型社会的分業構造

大企業を頂点とした下請構造の実際は，製品生産工程に沿ってピラミッド構造になっているのだが，渡辺幸男（1997）によると日本の下請企業の分業は，「特定加工に専門化した企業が，特定製品に限定されない受注先を持つことにより，機械工業生産に柔軟性を与え，同時に変化の激しい需要にも対応可能となり，幅広い競争相手を持っている」構造となっている（渡辺 1997, p.162）。渡辺はこれを「山脈型社会的分業構造」と表現した。つまり技術力・管理力の向上を獲得した下請企業は，ある一製品のピラミッド分業構造の土台となっているだけでなく，様々な複数の製品の土台として生産工程の土台を担っているということである（図表12-4）。

植田浩史（2014）はこれを「機械工業という広い範囲の産業の競争力を支える基盤としてとらえる」（植田 2014, pp.107-108）視点として重要であるとしている。つまり幅広い製品に使用できるモジュールとして専門化し高度化して自動車，家電製品などの産業全体にわたって高技術部品を供給する基盤となっているということである。これを植田浩史（2014）はVA/VE提案（Value Analysis/Value Engineering）と呼ばれていると紹介し，「下請け中小企業が，取引の中で積極的に提案を行い，それが発注側で検討され，採用されていくという仕組みは，日本の下請システムの特徴である」と指摘している。以上の分析は，製品アーキテクチャに沿って表現することもできる（図表12-5）。

今日的下請企業をめぐる環境については，植田（2014）によると，山脈型社会的分業構造により，大企業を頂点とした系列から系列を超えた取引が行われるようになった。またバブル崩壊後の変化は，需要の拡大基調が終わり減産や変動によって長期的・安定的な取引関係が維持できなくなった。また一度確立された品質・コスト・納期は維持されながら，国際競争力の圧力の下でさら

図表12-4　山脈型社会的分業構造

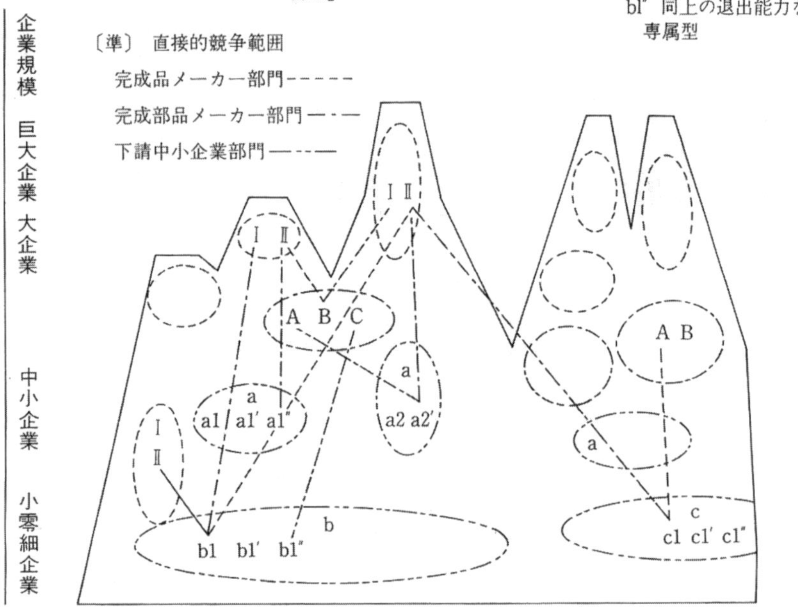

出所：渡辺幸男・小川正博・黒瀬直宏・向山雅夫（2013）『21世紀中小企業論（第3版）』有斐閣，p.154

図表12-5　工程アーキテクチャによる山脈型社会的分業構造の概念図

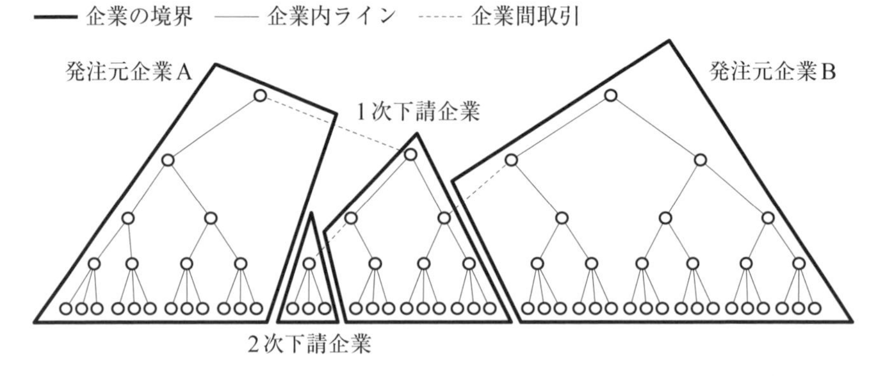

図表12-6　企業取引構造の変容

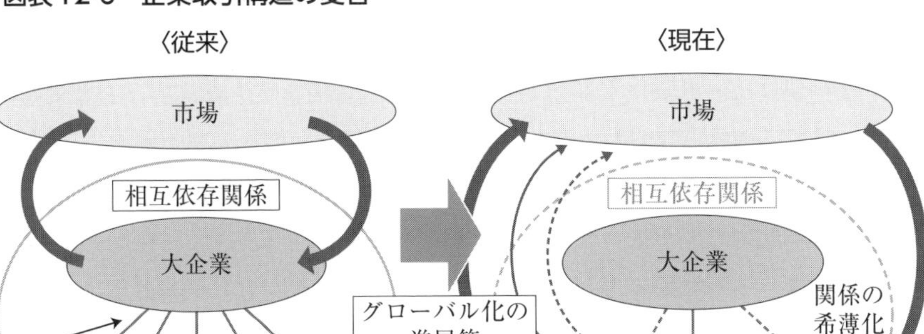

出所：中小企業庁（2015）『中小企業白書』「第1章 中小企業・小規模事業者のイノベーションと販路開拓」p.113より

に厳しく管理されるようになり，ITの導入も進んでいる。

6. 大企業のグローバル化と中小企業の自立化

脱下請化のために，取引先を分散化し，特定の発注企業や産業に依存しないようにすると，営業による顧客企業にニーズの把握や自社ブランドの確立などの業務が増えてコストもかかるようになる。この企業取引構造の変化を<従来>（過去）と<現在>を比較したイメージが図表12-6「企業取引構造の変容」である。このように中小企業が市場で自立した取引を行うことによって自社ブランドを確立しようとすると，生産コストの安価を求めるニーズへの対応だけでは困難となるので，他社の「安い部品」と差別化し，高機能や高品質による「高価でも自社の製品価値を高める部品」へのニーズへ訴求できる製品戦略を立てなければならない。

日本国内市場の縮小と，海外製品の高品質化に太刀打ちできる高機能・高品質，差別化による製品戦略は，下請企業の自立化を促進し，脱下請化をさらに促進ことになる。中小下請企業の自立化は，営業，マーケティング，企画，設計，材料調達などの新たな能力を社内に獲得し分業構造を確立する必要から，零細規模では困難となるだろう。また組織の大規模化の非効率性もおこる。

グレイナー（1979）による組織規模によるガバナンスの危機もあることから，やみくもに規模を拡大することはデメリットも伴う。特に「暗黙知」(1) の共有を必要とする熟練能力や高度専門知識を競争力の基盤とするようになると適正企業規模を超えないことが必要となる。複雑なガバナンスシステムが不要である適正人数規模の上限は150～200名と言われており(2)，これを超えると組織費用がかさむこととなる。

【注記】

(1) 野中郁次郎・竹内弘高（1996）は，新しい知識はまず脳内で言葉に表せない感覚=暗黙知として生まれ言葉に変換されながら共有されていくというSECIモデルを提唱した。

(2) イギリスの人類学者ロビン・ダンバー（Dunbar, Robin Ian MacDonald）が発見した人間が安定的な関係を維持できる人数の上限。

第13章 農村型中小企業とアントレプレナー

1. 農村型中小企業の研究の意義

中小企業に関する研究の歴史は，第2次，第3次産業に集中しており，第一次産業の周辺に存続する農村加工業や地域特産工業に関する研究は，ほとんど行われてこなかった。農村の中小加工業や地域特産工業は中小企業研究が対象としてきた企業ではなかったのではないだろうか。

明治開国以来，近代化と工業化が国是として進められ，戦後及び高度経済成長の中で工業製品による高付加価値製品と輸出による外貨獲得に貢献してきたのは大衆消費財であり，その結果として築かれてきた大都市とその都市経済を支えるサービス福祉産業が都の大衆の生活基盤となった。「多くの中小企業は客観的には下請け関係や業界，あるいは地域産業集積の中に存在し，その発展の恩恵に浴してきた」（植田 2004, p.165）。高度経済成長の終焉以降に中小企業が置かれた環境は，グローバル化や情報化，環境・バイオ・福祉・航空宇宙産業などの発展が予想されている。だが，中小企業の発展の可能性はそれに限るものではないだろう。

現代の変化の質に対して，植田（2004）は様々な環境の中で存続する中小企業にとって必要となるのは「自立」であると指摘する。多くの中小企業はこれからも下請けとして，また地域産業集積の中で事業を展開していくのであろうが，それらがこれまでのようなあり方で有効であった時代は終わり，「その環境を有効に活用できるかどうかは個々の中小企業次第になっている」のである。だがそれは，中小企業は企業単独で「関連する事業をすべて内部化することはできないし，する必要はない」。よって今後中小企業が「自立的な事業展開を行っていく上で，そうした外部の条件や環境，他企業とのネットワークをどれだけ有効に活用していくのかが中小企業にとって鍵となる」（植田 2009,

pp.165-166)。

その一つの事例として植田（2004）は，北海道函館の昆布研究会に参加する食品加工の中小企業を紹介している。そこでは会員の中小企業が地域資源の昆布を活用して開発した新商品についての意見やアイデアを出し合っているという。昆布研究会会員企業たちは5年間で30品目以上の新商品を開発し2001年度全国地場産業優秀・製品表彰（全国中小企業団体中央会主催）の優秀賞を得た（植田 2004, p.168)。昆布研究会は「地域の中小企業が自ら地域の資源を開発し，それを商品化していくことを通じて，地域の置かれている現状を再認識し，新たな課題を見出していく」ことで「中小企業側が変化し」「具体的な商品開発のプロセスを経験し」，地域の可能性を知る場として機能したのである。これにマスコミも注目し，市役所職員や地元の工業技術センター，大学教員などもオブザーバーとして参加し，市民からも認知されて，地域起こしと地域資源の活用に地域からの共感と協力が生まれた。さらに食品加工関連の函館地域の中小企業も大手企業との取引上の関係を，中小企業の側から事業構造の構築を追求し提案している。

このように地域資源や特産品を活用した中小企業による新商品開発と事業構造の構築は，産業の多様化を促進し，経済のグローバル化のなかで外部環境の変化への様々な適応能力と新技術の獲得の機会を作っているといえよう。今まで工業化との関係が薄いと思われていた農山村での新しい事業展開は，人口減少，少子高齢化への対策や，大都市集中型経済の脆弱性[(1)] に対する，オルタナティブな産業発展の在り方を示すものとして，今後の中小企業研究にとって重要となっていくものと考えられる。

2. 市場における非対称情報と農産物

農産物は，製品の個体差が大きい。工業製品は農産物に比べて仕様が均一であり大量生産過程での誤差は非常に小さい。工業製品は告知する仕様情報との誤差は無いに等しく消費者が期待する効用を必ず満たす。だが農産物などの自然品は，その仕様がかなり非均質だ。例えば三ケ日みかんは他のミカンよりも一袋100円から200円高いが，糖度が高くおいしく感じる。消費者がこれを期待しても時期によって必ず期待を満たすとは限らない。糖度測定などを行ってから販売しているが，やはり個体差は工業製品に比べて大きい。このようにとりわけ農産物は，消費者から製造過程が解りづらい。よって三ケ日みかんなどの有名なブランドは消費者を裏切らないように，出荷検査も厳しく行い，ブランド力を高めるための様々な生産管理や品質保証の工夫を農家に対して行っている。

しかし，上記のように誠実に品質管理を行う農家や食品加工企業ばかりではない。食品偽装事件の事例を紹介しよう。北海道トップシェアのミートホープ社では，肉の「天才」と言われる社長が画期的な挽肉製造機を開発し，文部科学大臣賞を受賞していた。しかし，その製造機を利用して，添加物や廃棄肉を混ぜる食品偽装を10年以上も続け，内部告発によって事件が発覚するまで解らなかった。ミートホープ社のミンチを使用していたのは，256社にのぼり，1年間に出荷した417トンの肉は，最終的に17倍の7000トン近い冷凍食品やレトルト食品に加工されて全国で販売された。22道府県では学校給食にも使われていた(2)。内部告発が無ければ食品偽装は知られることなく，消費者はだまし続けられていただろう。消費者にとって，食品は工業製品に比べ，その機能や仕様の違いが分かりづらい。このように情報が消費者に確認しにくいことを「情報の非対称性」といい，その状態にある情報を「非対称性情報」という。農産物には非対称情報の製品が多い。

経済学では，非対称情報の製品では効率的な経済活動が発生せず，市場が崩壊することが理論的に指摘されている。現在は，小売スーパーの受入検査や，直営農家への品質基準の確立など，流通段階での農産物・衛生管理がかなり進んでおり，生産から消費者の手元に届くまでの流通販売の記録（トレーサビリティ）も整いつつある。今日のような基準が確立するまでは，主に農産物は各地の卸売市場で専門的な卸職人や仲買人が品定めをして，非対称情報とならぬよう品質を見極め，値付けを行う「市場」機能が経済活動の秩序を保ってき

図表13-1　改正卸売市場法のポイント

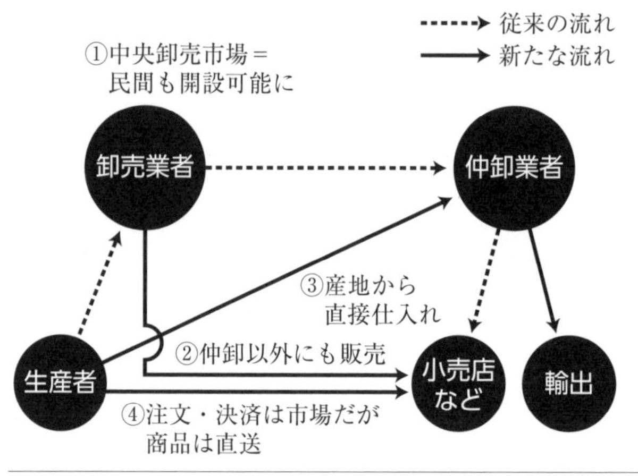

①市場開設者の規制緩和　③「直荷引きの禁止」の廃止
②「第三者販売の禁止」の廃止　④「商物一致原則」の廃止

出所：日本経済新聞　2020年6月23日（火）朝刊［22面］より

た。今日ではトレーサビリティの確立等が，小売スーパーによる契約農家や直営農場などの垂直統合などにより，卸売市場を通さない市場の自由化を実現しつつある（図表13-1）。これは，農産物の品質が工業製品と同様になってきたからではなく，情報機器の発達や管理技術の向上で情報の透明性が実現されるようになってきたからである。やはり今日でも農産物においてはブランドによる信用が重視される。生鮮食品，野菜などは信頼の高い国内産が高価でもシェアを占めるのはそのためである。

2020年6月21日，卸売市場に関する法律が改正され，国の認可が必要だった中央卸売市場の開設を，一定基準を満たした民間企業が自由に開設できるようなった。すでに大手スーパーによる農場経営もみられ，農産物直売所は2009年度において全国で直売所が1万6816施設あり，コンビニエンスストア大手セブン・イレブンの1万5000店舗を超えている。さらにショッピングモールでも産地フェアや産直専門店も増加している。農村部と都市部の物的交流だけでなく消費地と産地の人的交流や情報共有は，農産業と都市消費の新しいイノベーションの機会として，いまだ未開拓な部分が多い分，発展の可能性を多く残しているといえる。

3. 中間組織

経済学の取引コスト論研究では，独立した異なる企業の間での取引が親密になり，市場取引では見られない組織的取引となることを「中間組織」という概念でその存続要因を理論化している。ある企業の製品を市場で調達するときは，複数の同様な製品が市場で自由に価格競争をしており，その中から望ましい価格と数量を調達できる環境であることが最も合理的であるという厚生経済学の理論的命題がある。だが非対称情報がある場合，自由競争市場による効率性は実現しない。そのため生産過程まで介入して管理を行ったり，長期的取引を約束したりすることで基準値を満たす品質保証を要求する必要がある。このような場合，取引を行う相互の企業は独立し自立しているが，あたかも身内のように組織的に情報を共有して行動する現象がみられる。このように組織ではないが，市場での自由取引でもない状態を，「中間組織」という。農産物には非対称情報が多いので，この中間組織として農家と食品加工業者が長期取引による中間組織としての行動をとる場合が多い。

4. 農村地域の特徴

農産物を生産する農村は，都市部や産業集積の工業地帯とは異なり，農業に適した地域社会と人間関係を作ってきた。農村社会の特殊性を形成してきた要因と特徴を農村社会学の研究にみてみよう。細谷昴（1998）によると，日本農業の多くは，家族労働力を中軸とする小経営で担われてきており，そこにおいては生産と労働力の再生産とが一体に結びついている点に特徴がある。

「商家は，その本来の性格からして村あるいは村落を形成しない。これに対し，農家および漁家には，それぞれに対応して農村及び漁村という日本語がある。すなわち，農家と漁家は，『土地』つまり一定の地球表面を占有してそれに働きかけ，生産を行うのであるが，この『土地』を基盤に家いえが結びつきあって，村あるいは村落を形成するのである」(細谷 1998, p.13)。

農業は森林を伐採し水田を作るという面では自然破壊であるが，同時に，「生育し実るのは生物自身であり，ただその生理，生態を学びとった人間が，そこに助力を与えるだけである」「という点では自然と深く結びついて」いる。「自然そのものではなく自然に人為を加えながら，しかも自然と相応しなければならない」「特有の人智が必要になってくる。むろんそれは人智であるから，絶えず農法改善による生産力発展を追及してきた。しかしそれは，自然を破壊しながらしかも自然と結びつくという，ぎりぎりのところでバランスを保ってきたのである」(細谷 1998, p.14)。農は，農業と農民，農家と農村に特有な性格として，自然との深い結びつきという性格を与えることとなる。

その性格とは，家族員みんなで生きていくために生産と労働力の再生産を一体として営みを続けていくものである。もちろん剰余生産物を生み出すが，そうでなくともぎりぎり最低限のところで家族員みんなが生きていくということが，小経営を貫く理論である。

ではこの小経営家族をとりまく農村社会の特徴とはどのようなものであろうか。小経営による小生産と，労働力の再生産としての生活を行う家は，一戸だけ孤立してその生産と生活を成り立たせることができない。よってその補完を必要として他の家と協力し合う。それで「家いえの相互の結びつきも，生産と生活の両面にわたることになる。このように，小経営を営む家いえが，それらが占有する『土地』に即して，その生産と生活の諸契機ごとに結びあう，そのような諸関係の総体が，村あるいは村落を形成するのである」(細谷 1998, p.13)。

さて，このように形成されている農村は，今日の近代工業を中心とした社会ではどのようになっているのであろうか。「農が資本主義的産業としていとなまれるようになったら」「資本は絶えず剰余価値を････（中途略）････利潤を追求し，拡大再生産に狂奔する。そうなれば，自然とのバランスというぎりぎりの線など，簡単にこえられてしまうだろう」。「農である限りこれは自殺行為」であり「農の営みは，根本的に資本の理論とは適合しない面を持つといわざるをえないのではないだろうか」（細谷 1998, p.15）。

このことから細谷は「近代の科学技術の農への適用が，いちじるしい生産力発展を生みだし，農業労働の性格変化をもたらしている反面，‥‥自然との結びつきのうえになりたつ農のあり方をゆがめ，人々の健康や環境にもかかわる問題をひきおこしている」（細谷 1998, p.15）と指摘している。

一方，自然とのバランスという制約から解き放たれた都市の生活者について富沢賢治（1987）は次のように捉えている。「人間対自然の関係でも人間対人間の関係でも，直接的な関係は希薄化し，ますます貨幣・商品関係に媒介されるようになっている。豊富になった生活手段がかえって人間を支配するという転倒構造がみられるのである」（富沢 1987, p.115.）。「貧困問題の核心は，生活手段の量ではなく，人間存在（生活）の質にある」。「貧困に対置される『人間的富』（マルクス）の豊かさの基盤をなすのは，自然諸力を支配する人間の力としての生産力の発展であり，生産力の発展とは，基本的には人間能力の発展に他ならない。人間的能力の発展は，個人としての能力の発展であるのみならず，基本的には，類的存在，社会的存在としての人間的能力の発展を意味する」（富沢 1987, p.114）。

この文脈からすると，農村も都市も自然との調和を崩し，希薄化した商品関係に置き換えられた人間関係によって人間能力の発展が阻害されると，生活の貧困化がもたらされることとなる。この問題の一つの解決策として，今井（2008）は，アメリカでの顧客による支援型農業CSA（Community Supported Agriculture）においてITによって消費者とつながろうとする農家の活動に注目し，「農産物の購入という日常的な活動を通じて，人々が農業の畑や養鶏場での生き生きとした活動と気楽に接することの出来る方法を多用に工夫する」（今井 2008, p.115）ところに農村のイノベーションがあり，土地の「転地期待[3]」という投機的農地活用を克服する可能性を指摘している。これは農産物の生産者と消費者の間にある情報の非対称性を克服しようとする事業であるといえよう。

今後は，インターネットの普及とともに通信販売，宅配便網を利用した農村が主体となって農産物を加工し販売する中小企業が増えていくだろう。このような農村における設立された中小企業が農山村，山間地域の過疎問題と同時に，ストレスフルな都市生活問題に対し，生活環境の改善提案者として農山村での中小企業の可能性を増加させると思われる。特にIT機器を駆使したテレワークや在宅勤務の拡大は，農山村オフィスの需要を高めるであろうし，地域との交流が都市部のニーズを満たす新商品開発につながることが期待される。この延長線上で，自然環境を維持する農村独特な社会と都市部とのニーズとの交流からイノベーションを生み出そうとする農村アントレプレナーに関する研究が必要となる。

5. 生産と消費が同一空間で一体化した農村社会

農業は，自然の破壊と生産というギリギリのバランスをつくりあげる村落というインフラの存在が重要であり，農村社会では村落の制約の下でイノベーションを起こさなければ農業そのものが破壊されてしまう。そのギリギリのバランスに保たれた人間が支配する自然の中で生活することがアントレプレナーに求められるだろう。農業労働の生産と生活が一体であるということは，そこに流れる情報のメビウスの輪[(4)] の中にアントレプレナーも身を置かなければならないということでもある。既して農家が保守的なのは，1人の挑戦的試みが，もし失敗し時に村全体の環境を破壊してしまうことになる責任の大きさにあろう。村の寄合によって合意を形成しなければ，新しいことに挑戦できないのである。

イノベーティブ・ミリュー論の視点から農村アントレプレナーの条件を考えると，この「領域（ミリュー)」の中に集合する生産システム，社会的アクター，固有の表象体系を持つ特定の文化がイノベーションの要素であり，緊密にまとまったものとして農村をみなすし，その社会の中で生活しながら，地域

図表13-2　農村アントレプレナー育成の要因の概念

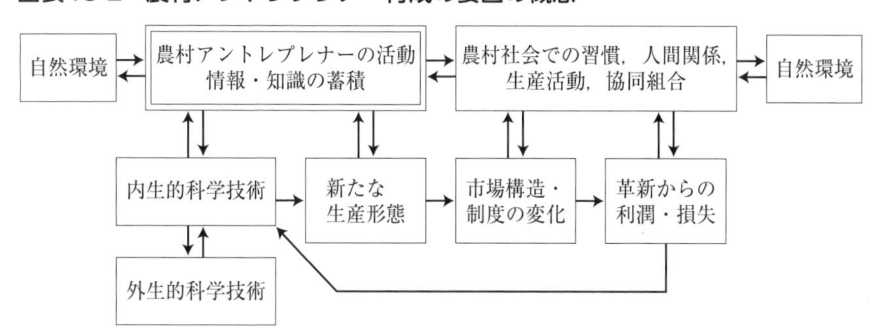

出所：安藤（2017），pp.41-51

（local milieu）への所属意識によって個人的コンタクトと協力・情報交換が容易になることを活用し，集合的学習過程を通じたイノベーションを起こせる起業家ということになろう。

農村アントレプレナーが企業組織で働くアントレプレナーと違う点は，村民との信頼が重要であり地域が組織であり，地域が生活の場であるということである。農村アントレプレナーを育てる要因関係を概念図で示すと図表13-2のようになる。

そこでは，「オーバーラッピング・フェーズ・アプローチ」が示唆しているように，農家が消費者と直接コンタクトを取ったり，CSAのような顧客から投資を受け日常的な食料購入や農村体験を通じて都市の顧客との情報循環を形成することができる。農産物直売所や産直販売は「オーバーラッピング・フェーズ・アプローチ」の視点で運営することがアントレプレナーの育成要因となる。

また，情報の流れとしては，新たな産業を創りえた新たな情報・知識産業の成果が，もう一度農業，林業，漁業へ累積的にフィードバックし，それぞれの産業を進化させるというように循環的に捉えるべきものだと考える。生産者と消費者はメビウスの輪で情報を循環し，自然破壊と自然生産のギリギリのバランスをとる方法をイノベーションによって担うのが農村アントレプレナーの条件である。

6. 農業と工業，化学，情報の融合によるイノベーションの時代

以上の要件を満たしながら農村アントレプレナーは新産業が創り出した情報・知識の成果を，農業，林業，漁業へと反映させ農業を進化させるというような循環の輪を作りだせる「場」に自らを置いている必要がある。農村と都市という2つの「場」を行き来し循環する情報を取捨選択する能力を身に付けることができる環境と仕組みがアントレプレナーを育成する。

農業におけるイノベーションについても今井（2008）は言及している。ITを駆使して条件が悪いときでも一定の収穫量を得られる大豆の育成方法を開発した滋賀県湖北町の若い革新的農業家の事例から，「産業構造というものは第1次産業から第2次産業，そして第3次産業へ単線的に発展していくものとして理解すべきではなく，それらの産業の次に情報・知識産業という新産業をつくりえた先進国は，その情報・知識産業の成果を，もう一度農業，林業，漁業，そして諸工業，サービス等の産業に反映させ，それぞれの産業を進化させるというように循環的に捉えるべきもの」（今井 2008, p.111）だと考察している。

重要な点は農村アントレプレナーを育成する環境要因とは，IoTやAIのような情報イノベーション技術の成果を単に既存の作業と置き換えることではないということである。それらを活用し，都市生活者とオーバーラッピングしながら，一方で農業生産物の基盤としての自然環境とその管理機能をはたす農村社会の人間活動，人間関係の中で生活し，両者の空間を自由に行き来出来る立場が許容される農村社会の人間関係を構築すること，その習慣，慣習を作り出すことである。

しかし大消費地の都市部や工業地帯における研究も，大学や企業組織内での個人によるイノベーション研究が主であり，地域とりわけ中山間地におけるアントレプレナーの個人的イノベーションの源泉の研究はほとんど皆無である。

現在，最もイノベーションによる経済発展を求めているのは6次産業の創出を目指して奮闘している農村地域や地方町村であることから，個人と地域の視点での研究は重要であろう。

【注記】

(1) 例えば，2020年に世界でパンデミックが起こった新型コロナ感染症では，大都市での感染が国家経済に大きな打撃を与えている。

(2) 朝日新聞2007年8月3日22時30分配信記事より。

(3) 転地期待とは，税率の低い農地として所有しながら，実際には放置などして農業に活用せず，周辺環境の変化により住宅地，商業地としてのニーズがあるまで待ち，環境によって地目を変更して，高値で販売できるのを期待すること。土地の投機的所有である。

(4) ここでいう「メビウスの輪」とは生産と消費の表裏一体性を筆者が独自に表した概念である。消費生活で得られた情報は個人の能力形成に役立つ。つまりその情報は人間育成（人間の再生産）の一部となって労働能力を形成する。生産活動は同時にこの労働能力の発現活動である。このように生産者と消費者の間で情報がメビウスの輪のように表裏一体となって循環を作り出しているという概念である。

※本稿は，安藤信雄（2017）「農村におけるアントレプレナー育成要因に関する分析モデルの考察」『中部学院大学研究紀要 第18号』中部学院大学総合研究センター，pp.41-51の論文の一部を使用している。

第14章 中小企業を支援する様々な団体

1. 商工会議所

商工会議所と商工会は中小企業の成長と発展を支援する政府系支援組織としての歴史的経緯を持っているが，現在は「商工会議所法」によって，商工会議所は規定されており，その設立・運営には民間経済団体としての自主性が確保されている。

日本商工会議所（2019）発行の『商工会議所とは』によると，「商工会議所の母体は，中世より近世にかけて西欧諸都市において商工業者の間で結成されたギルドだといわれて」おり，「世界初の商工会議所は，1599年のフランスのマルセイユに組織されたマルセイユ商業会議所である。それ以来ヨーロッパ大陸諸国には，フランスに範をとった商工会議所が続々設立され」たという。

日本商工会議所は，日本全国各地の商工会議所を会員とし，その活動目的を円滑に遂行できるよう全国の商工会議所を総合調整している。日商簿記など，簿記検定などの資格試験も実施している。

商工会議所の前身である「商法会議所」は明治11（1878）年に東京，大阪，神戸で設立された。その後1881年までに，全国で34の主要都市に相次いで設立されたが，あくまで任意団体であった。政府主導で一部の商法会議所は商業会議所へと代わり明治25（1982）年に15の商業会議所がその連合体として「商業会議所連合会」を結成した。戦後1954年に現行「商工会議所法」に基づき特別認可法人として改編され，今日に至っている。現在515ヵ所の地域に商工会議所がある[(1)]。

商工会議所は4つの活動として「①地域性：地域を基盤としている，②総合性：会員はあらゆる業種・業態の商工業者から構成される，③公共性：商工会議所法に基づき設立される民間団体で公共性を持っている，④国際性：世界各国に商工会議所が組織されている」が示されている。

商工会議所と商工会の違いは，商工会議所は地域の総合経済団体として，中小企業支援のみならず，国際的な活動を含めた幅広い事業など国際的活動が含まれるのに対し，商工会は，経営改善普及事業などの小規模事業施策に重点を置くとなっている。

商工会議所は，原則として，同一の市町村内に複数の法人が存在することはないが，市町村合併などにより，以前の市町村の地区別ごとなどに法人が存在する地方自治体も多い。ただし，他の地区と重複することはない。町村の区域にある商工会議所や，市の区域にある商工会も存在する。

2. 中小企業組合

中小企業組合は，中小企業組合制度を活用することで，企業同士や個人同士が連携し，それぞれが保有するノウハウ，経営資源を補完し，多くの効果を期待する活動を目的としている（全国中小企業団体中央会 2019, p.10）。

ガイドブックによると事業協同組合は，「中小企業者が個々では対応できない課題に対して，相互扶助の精神に基づき協同して事業を行うことで，経営上の諸問題を解決し，経営の近代化・合理化や経済的地位の改善・向上を図ることを目的とする組合」であるとしている。事業協同組合は「4人以上の中小企業者によって設立でき，共同事業を通じて組合員が行う事業を補完・支援するための事業を実施し」ており，「中小企業の組合制度のなかでも代表的な存在で，広く中小企業者に利用されてい」る。同業種の事業者で組織する組合が大半だが，異業種の事業者で組織する異業種交流を目的とした組合も数多く，それぞれの組合員が保有する技術，経営のノウハウ等を出し合いながら新商品開発などの活動をしている。中小企業等協同組合法によって定められている。

主な活動として，共同購買事業，共同受注事業，共同販売事業，共同宣伝・市場開拓・販売促進事業，共同生産・加工事業，研究開発事業，教育・情報提供事業，教育・情報提供事業，福利厚生事業，共同労務管理事業，外国人技能

図表14-1　中小企業団体中央会の組織（2019年度現在）

出所：全国中小企業団体中央会（2019），p.22より

実習生共同受入事業など幅広い支援活動が行われている。

企業組合は，4人以上の個人が資本と労働力を持ち寄り，一つの企業体となって事業活動を行う組合であり，人が中心となって活動し，事業が限定されないことから，それぞれの有するアイデア，技術，ノウハウなどを活かした事業を行う会社に近い形態の組合である。企業組合の形態として，通常の企業のように事業場を集中させて事業を行う「集中型」と，各個人事業者が従来営んでいた事業場を，組合の事業場としてそのまま継続して運営する「分散型」がある（全国中小企業団体中央会 2019, p.17）。例えば，主婦などがアイデアを出し合い集まってお惣菜生産や地域特産品開発などに取組む例などがある。

中小企業の組合には，上記以外にも小売店を中心とした商店街振興組合や組合員へ預金貸付業務を行う信用組合等がある。

また，中小企業連携組織の専門機関として中小企業団体中央会（以下「中央会」という）がある。中央会は，中小企業等協同組合法および中小企業団体の組織に関する法律に基づき，各都道府県知事の認可により47の都道府県に設立されている。各地での組合設立の支援及び指導を行っている。また経済産業大臣の認可により設立された法人として各都道府県県中央会をまとめる全国中小企業団体中央会がある（図表14-1参照）。

3. 中小企業家同友会

1945年に戦後の厳しい経済環境の中で中小企業家を支援するために全日本中小工業協議会（全中協）が設立されたが，後に過当競争の法律的制限をめぐって論争となり，「法規制」を支持したものは日本中小企業政治連盟を設立し，「法規制に頼らない自主努力」を支持したものは日本中小企業家同友会（以下，同友会）を設立した。日本中小企業政治連盟はその後，選挙での買収事件を発端に縮小し，現在は倉敷，浜松，伊勢，松江の4支部のみが存在している。

同友会は，中小企業の経営者の任意団体として1957年に創立された。同友会は「考え方や，社会的立場，業種，企業規模にとらわれず，大いに見聞をひろめ，企業の繁栄をめざそうとする中小企業家であれば誰でも入会でき」るとしている。「中小企業家しんぶん」を発行し財政は会員からの入会金，会費を中心とした収入で活動している。3つの活動目的を掲げており「よい会社を作ろう，優れた経営者になろう，経営環境を改善しよう」としている。

活動内容は，「1.会員の経営体験に基づいた例会」として，会員経営者の生の経営体験を報告し討論する学習会を実施している。「2.経営指針確立の運動」として，経営理念，経営方針，経営計画を総称して「経営指針」と呼び，経営理念に社会性・科学性・人間性を加味し，会員企業で経営指針を確立することに取組んでいる。冊子「実践的な経営指針の確立と成文化の手引き」を発行している。「3.共同求人活動」として新卒者を採用する共同活動を実施している。「4.社員教育活動」として社長も含め会社の基本理念（経営理念）を社員とともに考えるなどを行っている。「5.労使の信頼関係を強める活動」として，経営者の経営責任，対等な労使関係の構築に取組んでいる。「6.障害者問題の取組み」として障害者雇用の推進に取組んでいる。「7.中小企業をとりまく経営環境を改善する活動」として，毎年「国の政策に対する中小企業家の要望・提言」としてまとめている。「8.景況調査などの調査研究活動」として全国協議会の企業環境研究センターでは，会員企業を対象に年4回の景況調査を行い「同友会景況調査報告（DOR=ドール）」を発表している。その他，企業後継者育成などを目的とした青年部活動，女性経営者・経営者夫人が経営者としての実力を高める女性部活動，異業種・同業種の企業間交流・ネットワークづくりをすすめる活動，地球環境保全のための活動，国際的な経営視点を学ぶ活動などを行っている。2020年度時点の全国での会員は約4万7千社である（中小企業家同友会全国協議会 2019, p.11）。

【注記】

（1）「日本商工会議所」公式ホームページ（https://www.jcci.or.jp/about/jcci/index.html）より（アクセス日2020年7月23日）

第15章 多様性と持続可能性の視点で考える中小企業

1. 持続可能な社会とは

持続可能性という言葉は，寄って立つ視点によって実に多様に使用できる言葉だ。今日最も広く議論されている代表的なものは自然資源の保全や，温室効果ガスの規制であろう。これらは人間の生産活動が自然資源を再生可能な手法で持続可能に活用することを目的としている。

しかし，持続可能な社会は，自然資源の持続可能の追求だけではなく人間の社会制度もまた持続可能となる在り方にまで議論は波及する。自然保全を前提としつつ，労働における個人や集団の関係も持続可能であることを求める様々な視点が存在する。よって持続可能性とは，自然資源と人間社会のそれぞれの異なる2つの仕組みを区別し，それぞれの分野での持続可能性を議論しながら，最終的に両者を有機的に結合させることが必要となろう。

社会制度の持続可能性については，組織論の「環境」適合として議論され，ある組織と他の組織との関係が主要な研究対象であった。環境適合理論（contingency approach）における環境は，組織内部の生産活動の定型性や不確実性が他の部門との最も効率的な在り方を決定することを示してきた。だが，自然環境での食物連鎖と生態系メカニズムによる多様性と持続可能性までは言及していない（Lawrence and Lorsch 1967）。

環境という言葉の定義については，経済学と経営学の分野では大別して2つの全く異なった概念が併存している。1つは自然資源を環境として研究する分野であり，主に経済学で研究が発展されてきた。もう1つは主に他の組織や市場動向を環境とする定義であり，主に経営学で扱われている。

そこでまず，経済学における自然環境の持続可能性について考察し，その後に経営学における組織と環境の関係についての研究を考察しよう。

2. 経済学における社会的共通資本

経済学では自然環境は，生態系と自然資源を環境として，その持続可能性を研究する分野がある。さらに環境と人間社会制度の2つの概念を統合的に研究したのは経済学者である宇沢弘文である。宇沢は日本を代表する近代経済学者であるがその限界を主張し，自然と社会制度の持続可能性を社会的共通資本（Social Overhead Capital, Social Common Capital）として整理している。これは豊かな経済生活を営み，すぐれた文化を展開し，人間的に魅力ある社会を持続的，安定的に維持することを可能にするような自然環境や社会的装置・社会全体にとっての共通の財産であり，それぞれの社会的共通資本にかかわる職業的専門化集団により，専門的知見と職業的倫理観に基づき管理，運営される人類共有資源である。そこには教育や文化も含まれている（宇沢 1998, 2000）。宇沢の社会的共通資本の概念は主に環境経済学として研究されてきたが，一方で経営学においてはその概念によるアプローチはあまり活発に議論されているようには見られない。

3. 企業利益の追求による構造的問題としての公害

まず環境経済学が問題としたのは，公害問題である。企業の利潤追求が個人と社会全体に便益をもたらすと考えるのが新自由主義の自由競争市場経済であるが，実際には逆に，個人や社会に損害をもたらすという事態が現実として，それもあちらこちらで生まれた。公害問題の代表的なものに熊本県水俣市におけるチッソ株式会社の水俣工場や「阿賀野川有機水銀中毒」からの排水に含まれた有機水銀が八代海沿岸を大規模に汚染した。大気汚染では三重県四日市市における石油化学製品を生産する複数の化学工業生産企業による複合設備四日市コンビナートからの大規模大気汚染があり，喘息（四日市喘息）などの健康被害が拡大した。

この問題に対する新自由主義の回答は，公害問題で被害を受けた個人が企業を訴えることで，健康被害者の医療費を企業が負担せざるをえなくなるため，自ずと企業は公害を出さなくなるという解決方法である。実際に自然環境を汚染するということは，その資源を他者が使用できなくなるということだから，賠償しなければならない。それは生産に必要な生産費用に含まれる必要がある。だが現実にそのようにはならなかった。なぜであろうか。

公害のように費用の外部に発生する費用を外部不経済（マイナスの外部経済ともいう）という。その解決方法は公害対策費を生産費用に含めることにあり，それを内部化という。外部経済は悪い話ばかりではない。近所に駅ができて周辺の地価が上がったら，駅の利用者ばかりでなく周辺の土地の所有者にも恩恵がある。この場合は外部経済（プラスの外部経済ともいう）という。

自由競争市場による効率性の追求と，環境破壊を伴う企業活動の禁止の両者を両立する方法としては，外部性の内部化が必要となる。外部性は，企業活動が消費者に便益を与える産出財の生産活動に伴う副産物であるため，本来は企業と消費者が負担しなければならない。しかし何も規制のない自由競争市場では，企業は生産費用に公害を予防する費用を含めず価格を設定し，販売し，利益を得ようとする。消費者はその財の販売価格が財の持つ便益に対して妥当であると考えれば購入し，割高だと思えば購入しない。企業は品質と同時に価格競争によって購入者を増やし売上を増加させ，生産費用を削減して利益を増加させようとする。よって利益を追求する企業にとって価格競争は生産費用の削減を伴う。このとき副産物として排出された公害に対し，自発的に費用を負担しようとは思わない。

そこで新自由主義では，被害を受けた住民が裁判に訴え企業を告発しなければならない。裁判は公平で科学的な審議の下で訴えの正当性を吟味する。水俣病では被害者が原告団をつくり訴訟をしなければならなかった。そればかりか被害が顕在化し，その被害が工場排水と因果関係があることを自ら証明しなければならなかった。公害訴訟は，被害を受け苦しむ者，死亡するものが出てからでないと訴えは難しい上に，事前予防のための水質検査や排出物の健康への影響を科学的に立証することは，なおさら困難であった。

これが熊本，新潟，四日市，川崎など全国で広がるにつれて反公害の大衆運動が成立し，国家も国家的損失を認め，企業活動による健康有害物質の排出を国家によって規制しなければならなくなった。

実は約100年前の1890年代から日本では公害に対する住民運動が起きていた。足尾銅山鉱毒事件が有名である(1)。この事件が閉山を持って解決したのは1972年である。公害の規制は，政治や経済の利害関係が絡み解決することは非常に困難なのである。まして経済システムの自由な導きによって解決することはさらに困難であり，規制が必要となる。環境や公共資源を特定の人が，他者へ被害を与える結果を作りだしながら自己の収益のために利用することは「自由」ではなく「制限」または「禁止」しなければならないからだ。規制なくして環境問題は解決しないのである。だが，それを行政が実行すべきとは限らない。法律は政府によって制定されるが，その運営は地方自治や協同組合，コミュニティに任されるほうが効率的である場合が多い。なぜならばその資源の特徴や日々の変化をつぶさに見つめてきたのが地域の当事者たちだからである。特に自然資源の場合，例えば漁業権は漁業協同組合によって管理規制されている。山林や農業も同様であり，それは国会や政府官庁で立案するよりもはるかに効率的で効果的だ。

4. 経済の内発的発展による企業活動への制限

宮本憲一（2006）によると実は最も新しい地球環境問題でも，原因や社会的特徴をみると，水俣病や四日市公害と同じなのである。その特徴とは，公害を生み出す社会経済システムによって企業の一部が成立しているためである（宮本 2006, p.4)。企業活動がそれ自身の存在を脅かす問題を引き起こしているといえる。

1967年に制定された公害対策基本法は，生活環境の保全と経済の健全な発展との調和を図るというものであった。この調和論は，経済の持続的発展の枠内で環境の持続性を考えるというものである。そこでの論調の特徴は，環境破壊の責任は便利さを求める文明にあるというものであった。この視点は，現在の二酸化炭素排出ガス規制に関する議論にも通じる。自動車によるガソリン使用，工場や家庭における電力需要へのエネルギー供給において企業は，社会や個人のニーズに応じて経済活動をしているのであって，企業の問題ではなく消費者による社会の問題とする捉え方だ。これは消費生活への政府や自治体が制定する規制の在り方の論議として進められてしまうのである（宮本 2006, p.8）。

しかし，全く逆に公害は供給の問題だと宮本は批判する。「環境問題というのは公害問題を頂点にした壮大な被害のピラミッドだと考えている。つまり基底には地球環境危機，その上に地域が内発的に創造してきた産業，そういうものを一方的に外来の資本の論理や開発で踏みにじり，アメニティを喪失させていく」形で形成している（宮本 2006, p.85）。

経済学者の都留重人は「持続可能性」には人間のおごりが内在しているし，環境とか地球というのは人間の意思を超えた客体的ものなので，「維持可能」と訳すべきだとし，その立場に宮本も賛同し（宮本 2006, p.86），そこから維持可能な都市・地域として，付加価値を地域へ還元し，市民の自治により環境・都市再生を進める社会制度の在り方を提唱している。困難であっても企業と自然が共生し，そこで暮らす市民が地球環境を守る立場で行動する。この内発的発展を目指す地域が維持可能型都市再生なのである（宮本 2006, p.93）。

現在の経済のグローバリゼーションは経済の規制権を国民国家から民間企業に移しつつある。多国籍企業の自由な発展が保証されると，結果として都市に大きな変化が現れる。国際的大都市に企業の中枢管理機能の司令部が集中し，その支配によるヒエラルキー的な国際的分業のネットワークが形成される。国際化の主体は国民国家でなく，多国籍企業となり，その支配力はその企業が拠点とする都市の性格を規定する。

この多国籍企業の国際分業体制に規定された都市の在り方に対して，もう一つの維持可能で内発的に発展する都市（Network of Sustainable Endogenous Development City）がある。その事例は第三のイタリアである。内発的発展は地域の企業や個人が主体となって地域の資源や人財を利用して，地域内で付加価値を生み出し，種々の産業の関連をつけて，社会的余剰（利潤と租税）をできるだけ地域に還元し，地域の福祉・教育・文化を発展させる方法である（宮本 2006, pp.161-164）。

宮本憲一（2006）は，1992年のリオ会議が示す維持可能という意味での持続可能な発展は，人類共通として，地球上に多様に存在する地域の特色に基いた内発的発展を，循環型経済として確立することで環境保全と地域経済間格差の是正を目指す都市間ネットワークが，多国籍企業の依拠する大量生産・消費の経済システムに代えて実現することを構想している。多国籍グローバル企業に依存した経済が都市社会を翻弄し，周辺社会を破壊する一方で，それに対抗するオルタナティブな自治と経済システムが内発的に勃興することで都市と地域を再生しようというものである。

5. 外部性の内部化による持続可能性

地球温暖化問題をめぐる過去の経緯をみると，1987年，国連の「国連環境と開発に関する世界委員会」（通称，ブルントラント委員会）が報告した「われらの共有する未来（Our Common Future）」の中で，「持続可能な開発（sustainable development）」という言葉が使用された。その意味は，「将来の世代が自らの欲求を充足する能力を損なうことなく，今日の世代の欲求をみたすような開発」とされた。1992年のリオデジャネイロ国連環境開発会議，1995年ベルリン第1回締約国会議（COP1），1997年京都締約国会議（COP3）で京都議定書を先進40か国が採択。これは国連が国家主権を制約する事例の一つといえる。

国連主導による環境問題解決は，それを受けた国家や民間企業に積極的に協調しようという行動を引き出すことができるだろうか。それは国連の要請が，自由市場経済における企業活動に対しどこまで効果的に作用するかという課題となる。自由競争市場で活動する企業にとっては，利益追求の手段としてムダを排除するのだが，それは投入された生産要素が最大限活用し尽くされた状態であり「効率的」なのである。それが実現する状態は，「完全競争」状態の市場が完備されている必要がある。環境問題を，資源のムダ使いをせず有効に使うという意味と捉えれば，自由市場経済における資源活用が，それ以外の方法よりももっとも長く資源を活用し続けることができる。これが自由競争市場での利潤追求による持続可能性である。

では，完全競争市場と環境問題について検討してみよう。佐和隆光・植田和弘（2002）は，自由競争市場の効率性を活用した経済発展を前提として，自由市場が持つ欠点を補完すれば環境保全を持続可能とできるとする。欠点とは現実の自由競争市場は完全競争市場ではなく「不完全」だからである。完全競争市場が成立する条件には，4つの条件が同時に満たされていなければならない。1.競争している企業の供給する財・サービスが同質であること。2.生産者数と消費者数が無限であること，つまり希少性がないこと。3.財・サービスの情報がすべての生産者と同時に消費者にもいきわたっていること，つまり「情報の非対称性」がないこと。4.生産者の参入と撤退が自由であること。この1と2の条件を満たすとき一物一価の法則が成立し，4つの条件全てがそろって完全競争市場が成り立ち，完全競争市場経済は効率的であるということが科学的に証明できる。

効率性の議論には，もう一つパレート最適という状態が必要となる。これは，すべての資源が有効活用されている状態のことで，存在する生産要素がすべて誰かに使い尽くされている状態のことである。よってパレート最適の状態で，誰かが，もう少し多く使おうとすると，その他の誰かがもう少し少なくしか使えなくなることになる。「完全競争はパレート最適をもたらし，また逆に，任意のパレート最適な状態は完全競争により達成される」というのが「厚生経済学の基本定理」である（佐和・植田 2002, p.45）。このとき完全競争は資源をムダなく最適配分している。これが経済制度における自由主義の思想的背景となる。自由経済主義によると，厚生経済学の基本定理が実現している世界では，政府の規制や法律などによる制約がなくとも自由な経済活動が効率性を実現する。そしてそれが最も持続可能的なのである。

規制と自由のどちらが効率的かを巡った議論とは別に，公正を求めて自由市場経済を制限すべきとする意見も出てくる。仮に完全競争市場が実現し最も持続可能的であっても，それは，公正ではない。つまり弱肉強食で野蛮な結果を生み，一握りの富裕層と大多数の貧困者が存在する格差拡大社会が実現するのだという批判である。これに対し，さらに新自由主義からは，弱者は怠け者で努力をしないから弱者であり続けるのであり，努力を惜しまず挑戦すれば一定の力を持った強者へ近づき格差縮小するはずであると反論する。さらに反自由主義からは，生まれながらにして裕福な家庭と貧困な家庭があり，弱者になったのは何かしらの努力を阻害する社会的要因があるのであり，政府や自治体による社会福祉をもって格差を縮小しなければならない。それを政府が公共・福祉事業として実施し，所得の再配分のために富裕層への課税をもって格差を縮小するよう資本主義を修正する必要があるという主張がなされた。

自由主義，ケインズ主義，公正主義の三つ巴の論叢が繰り広げられたのが，大量生産大量消費システムが限界を見せ始めた1970年代以降から今日までの経済体制をめぐる議論の大筋であるといえよう。

しかし，各先進国で公共・福祉事業への支出の増大が財政赤字を増大させ，さらなる増税をめぐって社会対立が深刻化する1970年以降，欧米で，次に1990年代後半に日本で，国家の借金による公共・福祉事業の縮小と官製事業の非効率性への批判と民営化による効率性の実現および減税への見直しが実施されるようになる。つまり経済システムへの多数意見は，次のような結論に至るのである。規制が完全競争市場の実現の障害となって経済効率性を阻害しているのだということになる。

6. 自由経済主義の非自然性

今日の多様性と持続可能性をめぐる議論が経済制度に求めるものは，以上の意見対立の上で議論が進められているのである。

ここでは持続可能的な経済について，現実として主に完全競争市場の4つの条件が同時に成立する状況とはどのようなものかについて考察してみよう。

まず1.競争している企業の供給する財・サービス同質についてみてみよう。企業が同質財の供給をメインにするのは，費用削減による価格競争の方が製品開発による機能の差別化よりも不確実性が少ない確実に販売できる時期に起こる。一般的に新しい財の普及期にみられ，製品がコモディティ化する時期である。日本では家電製品や自動車の普及期である1960〜70年代にあたる。

この時には，2.生産者数と消費者数の無限の存在という仮定を戦略立案で受け入れやすい。これは高度経済成長期期において顕著にみられる。日本国内の生産労働力と消費者の人口が増加していたので，その時点での需給は未知数に拡大するかのように思え，経済活動を行う人間の意識は，需給が無限であるかのように振舞うだろう。しかし普及期から飽和期へと移行し，市場の有限性が強く意識されはじめると，無限の需要仮説によって成立した戦略の実行を，国境を越えて生産要素（労働者）と市場（消費者）を求める方法で実現しようとするだろう。

だが，さらに製品普及が飽和状態となっても製品が同質的であれば，1，2と3の仮説に矛盾が生じはめる。まず飽和期では消費者へ情報が行き渡っているので3.「情報の非対処性」がない状態を仮定して生産活動を行えるだろう。日本では1980〜1990年代にあたる。しかし同時に，規模の経済による拡散効果の費用削減に限界が生じて価格差をほとんど実現できなくなり，利潤がほとんど出なくなる。よって合理的に利潤の最大化を目的とする企業は，飽和状態での競争優位として価格競争戦略からイノベーションによる差別化戦略へ転換することとなる。ここで企業は矛盾した仮説に悩む。差別化戦略は，同時に製品の同質性の仮定が成立しない戦略だからである。つまり1，2と3の仮説が同時に成立する時期は極めて短期か，ほとんど無いであろう。また，製品の同質性を前提としたパレート最適もまた，差別化ニーズの多様化によって成立しなくなる。

さらに4.の生産者の参入と撤退が自由である経済では，企業が海外へ退出した時におこる，人々の生活を支えてきたコミュニティの破壊や福祉的費用と社会制度基盤の縮小によるサンクコストの負担を企業が負わず，社会的共通資本としての社会制度を破壊してしまう。

これらの仮説の非現実性は，再生産という概念が近代経済学の視点に欠落しているからであると筆者は考えている。つまり，近代経済学の第1仮説には資源の無限性があるのだから，費用のかかる再生産活動は効率的でも合理的でも無いと考えてしまう。よって社会的共通資本としての自然環境や社会制度の再生産は外部経済とみなされてしまい，結果として破壊される。これは公害問題を生み出したものと同じロジックの仮説である。言い換えれば，完全競争市場での効率的で合理的な持続可能性とは，外部性を担わず，それらを他者又は未来の人々に負わせる企業活動が持続可能であることを正当化してしまう。

さらに深刻な問題は，効率性と合理性を求める人間行動が人口減少へと波及することである。再生産という発想を持たない意識での最も合理的な人間資源の活用方法は，資源の存在を無尽蔵に発掘しムダなく使い切ることであろう。まず労働を開発・企画・立案という希少性のある能力を必要とする「構想」型労働と，それを分業の理論で単純分解された労働をおこなう受動的な「実行」型分離とにわける。これをブレイヴァマン（Braberman, H. 1974）は，現代労働の原理として「構想と実行の分離」と表現した。単純労働資源も可変資本ではあるが，その希少性は「能力」ではなく存在数，つまり単純労働者の人数となる。よって国の労働力人口に規定される有限性を克服し，より安価の資源の無限な調達を実現するには，国境を越えて他国の労働力を調達すればいい。他国の賃金が上昇するまでの短期的には無限に存在しているかのような現象が得られる。そこでは費用のかかる人間の再生産はムダとなる。

人間の再生産とは，出産し教育し家族的集団生活を子供たちに経験させることで，人間能力の発達と社会制度を再生産することである。子供たちが生活と自然環境の再生産活動の持続可能性を理解し社会的共通資本の保全と再生産を担う能力の獲得である。その再生産費用を負担しないことが，資源をムダなく活かし効率的で合理的な持続可能な企業活動を実現するものと誤認することになる。

ジョン・グレイ（Gray, John 1998）によると自由な市場経済は「自然」ではなく，国家などの権力によって社会工学的に設計されたものにほかならない。つまり政府や地方などの権力が介入しない「自由市場」は「自然」とは異なるのである。よって市場経済は政府が介入しようと自由であろうと自然ではない人工的制度なのである。この制度の下では，「政府が愚か」であれば，その規制は「自由市場」によるものよりも悪い結果をもたらす。つまり愚かな政府は何もしない方がましなのである。だが，その逆で「政府が賢い」場合は，「自由市場」よりも政府の規制の方が良い結果をもたらす。それは，現在の民主主義国家では，選挙による選択が選んだ政府の政策がどちらであるかを決める。国民が現在の政策を「愚か」と思えば，賢いと感じられる政策の野党が支持を拡大しその政策が政権となる。

例えばトリクルダウン説によって支持された「自由市場」政策は，弱肉強食の世界で生まれた強者である富裕層が新事業へ投資をしたり，散財したりすれば弱者へも所得がこぼれ落ちるので，「愚かな政府」のもとで平等に貧困となるよりもましだというものである。だが，もし富裕層が新規事業への投資を行わず内部留保を個人資産として蓄財し，散財しなければトリクルダウンは起きず，貧富の差は持続的に固定され拡大再生産される。よって人工社会制度としての規制にせよ自由市場制度の設計にせよ，それが何を目標とするかによって異なってなってくるのである。

7. 新しい経済制度の必要性

寺西俊一（2012）「自然資源経済」という概念を，環境問題を解決する新しい経済制度へのアプローチを示している。寺西によるとそれは，必ずしも一般的に通用している概念ではなく，「仮に英語で表現するとすれば，Natural Resource-based Economies (NRE)となる」。「これは，「各種の自然資源を基礎とし，その上に成り立つ経済」という意味合いを込めたものである。また，ここでの「各種の自然資源」という表現も，様々な鉱物資源や生物資源など，狭い意味での自然資源のみでなく，太陽光や太陽熱，風力，地熱などの自然再生エネルギー（Natural Renewable Energies），大気，水，土壌，さらには野生生物種などの生物多様性を育んできた「自然生態系」（Natural Ecosystems）の全体，そして，そこに人間の手が加わった「二次的自然」（Secondary Nature）としての「農業生態系」（Agricultural Ecosystems）や「林業生態系」（Forestry Ecosystems）等も含めて，非常に幅広い意味で用いている」（寺西 2012, p.88）。

私たちはいわゆる「自然の恵み」として各種の鉱物資源や生物資源など，狭い意味での自然資源を採り出して利用している。さらに，それらを「私たち人間生活の必要（needs）に合わせて生産・流通（分配）・消費し，最終的に不要となった残余物（wastes）を自然生態系のなかに廃棄（処分）するという資源利用の繰り返し（資源循環）によって，日々の暮らしを経済的に成り立たせている。このような意味での経済的営みが長い人類史を通じて今日まで展開されてきたといってよい」（寺西 2012, p.89.）。

寺西が提起した自然資源経済とは，こうした自然生態系を基盤とし，そこから提供される様々な生態系サービスの享受，および各種の自然資源の利用・管理・循環によって成り立っている私たちの人間社会本来の経済的営みのことを指している（寺西 2012, p.90）。寺西の示す経済は，近代以前の農業経済へ回帰することではない。

これは百瀬恵夫（1969）の指摘する風土との関係でいえば，地域外で発見された新しい知識や技術をそのまま模写するのではなく，風土と融合し持続可能性を維持することで，新しい知識や技術がその未知でオリジナルな財としての効用を生み出すのである。

これまでの支配的な経済理論の体系では，「人間・自然・社会の関係性」という全体的な枠組みは理論的に捨象されており，そこでは自然資源経済という捉え方の重要性が必ずしも十分に認識されていない。生産・流通（分配）・消費・廃棄（処分）という4つの局面からなる広義の経済過程と，その土台に厳然として横たわっている自然との関係性，あるいは，そのなかで育まれてきた各種の自然資源やそれらを互いに密接に結びつけている生態系システムとの関係性などは，これまでの支配的な経済理論における理論的射程のなかに収められることはほとんどなかったといってよい（寺西 2012, p.91）。

寺西（2012）らのプロジェクトが最終的にめざしていることは，各種の自然資源の持続可能な利用・保全・管理をめぐる「市場の失敗」（Market Failure），「政府の失敗」（Government Failure），「制度の失敗」（Institutional Failure）をどのように乗り越え，いわば「自然資源経済のサステイナブル・ガバナンス」（Sustainable Governance of the Natural Resource-based Economies）をいかにして構築していくか，という新たな課題への理論的挑戦である（寺西 2012, p.89.）。

8. 経営学における組織と環境

経営学の一分野に組織論の「個体群生態学モデル（population ecology model）」（Hannan and Freeman 1977）がある。それは，組織形態やビジネスモデルの誕生・繁栄・盛衰・消滅を環境変化による「自然淘汰」によって説明する。桑田・田尾（2000）は，このモデルの具体的事例として次のように解説している。例えば小売業界で見ると，従来の小売りは大規模小売店（スーパー，デパート等）と地域密着型の専門店（八百屋，肉屋等）が支配的だったが，今日ではディスカウントストアやコンビニエンスストア，また郊外のショッピングモールが登場し百貨店や商店街の八百屋・肉屋は衰退しつつある（桑田・田尾 2010, pp.104-117）。このように新しい業態が市場のニーズに支持されると従来のビジネスモデルは自然に淘汰されて消滅していく。

この時従来の小売りの中で淘汰されずに存続する店の特徴は，ニッチ市場に対応した専門店だという。低価格から高級品までの品揃えを得意とする「ジェネラリスト（generalist）」型は，幅広いニーズに対応しようとするためニーズの変化に対するリスクを低減できる反面，ニーズの少ない商品群も品揃えに加えるため効率性が悪くなる。一方，特定の少数の品種のみを提供する専門的

「スペシャリスト（specialist）」型では限定された市場で，多店舗では扱えない専門的商品も揃え小規模ながら特定の顧客層の支持を得て長期的に生存する可能性が高くなる。

以上の個体群生態学モデルには批判もある。このモデルでは，組織は環境に対して受動的であるが，実際は戦略的に市場への働きかけを頻繁に行い存続しようとする。よって淘汰について一面的にしか説明されていないため有効性に疑問があるという。

本書の視点からみると，個体生態学モデルが想定している環境は「市場」のニーズとその変化である。その市場ニーズを生み出している自然環境とその持続可能性や技術的多様性までは扱われていない。スペシャリスト型企業の強みは，実は市場の顧客が理解している知識よりもさらに高度な専門的知識を持って自然資本と向き合い新規技術の開発をもって自然環境破壊問題への解決策を市場ニーズへ提案する能力であり提案力であると考える。重要な点は市場に対しその能力を評価させスペシャリスト企業への信頼を付加価値として認めさせるところにあると考えられる。

9. 持続的地域依存型企業への規制緩和と支援

以上みてきたように，自由競争市場おける一般的な利益追求型企業の生産活動には資源の再生産・復元という資源保全のインセンティブが含まれていない。よって政府や地域行政，コミュニティや組合による規制が必要となる。本来，自然資源の視点における生態系の均衡とは，特定の生物種が増大し，それが捕食する生物種の量を上回ると，その過剰量が削減される。また特定の生物種の増減は，それを捕食する生物種の量を増減する。このようにして生態系全体が均衡のとれた状態を保つ，自然の調整機能を含んでいる。だが人工的市場制度には，自然環境の維持に対して自然の生態系が持つこの調整機能は含まれていない。これが公害問題や環境破壊の原因である。

よって，自由競争市場においても自然の復元機能や人工的再生産活動による資源保存量を超えて地域資源を収奪することに経済的デメリットを持たず，グローバルに資源を求めて移動する企業には，その自発的内発的な環境保全活動は期待できない。このような場合は規制の対象としなければならない。

他方，地域資源に依存した企業が生産活動を持続的に行おうとするならば，その存続にとって地域の資源保全が必要不可欠である。その企業にとって自然資源も含めた人間と人間の制度，つまり風土としての生産要素の再生産・復元への投資は，必要不可欠な経費である。このような企業をここでは持続的地域依存型企業と定義しておこう。この持続的地域依存型企業は，自由競争市場においても自発的に公害を防止し地域資源の保存に積極的に取組まざるを得ない。

また地域社会の文化的習慣的特性を持つ労働力も財産として不可欠である。つまり人材ではなく「人財」として労働者を捉え，その再生産と開発（人財育成と教育制度の整備）も不可欠になる。このような持続的地域依存型企業は，自らの環境の保全に対し敏感であり，様々な科学的調査と専門知識を蓄積しようとする。その知識は，行政や研究機関よりもはるかに優れていることが多い。よって持続的地域依存型企業には，規制ではなく自由な活動を，また必要に応じて支援も行い，資源や市場の環境変化へ対応した企業の自発的で自由な研究開発活動とイノベーションへの取組みを促進する必要がある（図表15-1 (a)）。その顧客がたとえグローバル市場にあるという意味でのグローバル企業であってもそうである（図表15-1（b)）。

しかし，生産要素資源を他の地域に依存している企業では，たとえ供給先がローカルに限定してたとしても，他の地域の自然環境保全や人財保存の観点から生産要素資源の維持・保全のための規制が望ましいだろう。なぜならば，グローバルな市場で生産要素を調達しながらも地域の便益向上に持続的に努めることがその企業の存在意義として必要となるからである。例えば他の地域の生産要素資源で作られた燃料電池資源，レアメタルを必要とする電気自動車や，風力，太陽光発電などを地域の特性に合って改良し施設するような企業である。この企業は生産要素資源の供給元で環境破壊や製品使用時の有害物質の拡

図表 15-1　依存資源市場での規制の必要の有無

		供給先の市場	
		ローカル	グローバル
生産要素資源	ローカル	(a)規制は不要	(b)規制は不要
	グローバル	(c)条件つき規制	(d)規制が必要

散を予防する対策や知識が十分であるかなど，研究機関や国際的調査に基づく規制が必要となる。そういう意味で条件的に規制された自由な供給活動となる（図表15-1（c））。生産要素資源の供給元も供給先の市場もグローバルである場合は，供給先を無制限に拡大しようとするであろうし，その結果，生産要素も無制限に収奪しようとするであろうから地球規模での規制が必要である（図表15-1（d））。

持続的地域依存型企業は，画一的な生産手法を持ってグローバルに展開する多国籍企業が苦手とする各地の特徴ある自然環境の維持・保全と同時に，地域人財の育成も行う。苦しいときも地域の仲間と困難を乗り越えて新しい技術を創造する意識を持った人間を必要とする持続的地域依存型企業は，経済に対する目的がグローバル企業とは異なる。それは持続可能な知識を伝承し発展させる意識であり，生態系システムでいえば遺伝子の継承を担う。

もちろんグローバル資源を生産資源としながら供給先を地域市場に依存（限定）した企業もそうである。そこでは地域を支える財・サービスの持続的な供給には生産要素の供給元である地域の環境保全や課題解決のための様々なイノベーションを供給元地域と創発するインセンティブが働き，事業展開と新製品開発の多様性が現れる。その様な企業にとっては，資金や利益は環境保全の目的を達成する手段となる。よって，そこでは多様な技術を保持するために今は非効率的と思われる知識の蓄積・伝承でも必要資源として費用を負担する。一方利益を最大化することを目的としたグローバル企業では，非採算的と思われる費用への支出はしない。不要となった技術と技術者はリストラクチャリングによって居場所を失う。

持続的地域依存型企業の視点で見ると規制に関する全企業への一律な制度設

計の有効性には疑問がある。持続可能型社会では，ローカルの特徴を活用することが効率的なのであり，例え外部からの資金調達を行ったとしてもその使い方はローカルの特徴を生かすことが効果的である。

このような持続的地域依存型企業の比率が高いのが中小企業である。また中小企業は多様性のある少量の産出財を生産することに適正な規模であることが多いが，もし地域のニーズが過少であってもグローバル市場を形成するプラットフォームを通して流通すれば，地域の特殊性とその生産環境を持続的に維持しつつ，グローバルな市場ニーズで求められる需要に応えられる。その意味でグローバル企業でもある。それは決して安価な大量生産を目的とはしない。世界のどこかで困っている人の課題を解決することが目的なのである。

10. SDGsと中小企業

次に，持続可能な発展を求めるグローバルな規模での消費者意識の変化，つまりグローバル市場の変化への適応についてみてみよう。国連が提唱する持続可能な発展を実現するための国際目標としてSDGs（持続可能な開発目標：Sustainable Development Goals）がある。1987年のブルトン報告，1992年のリオ会議，1995年のベルリンCOP1，1997年の京都COP3を経て2015年のパリ協定で初めて先進国・開発途上国の区別なく気候変動対策の行動をとることを義務づけた歴史的な合意が成立した。しかしこれは地球温暖化に限った環境対策である。

国連ではすでに2000年9月にニューヨークで開催された国連ミレニアム・サミットにてMDGs（Millennium Development Goals）を採択し環境問題を解決するための国連ミレニアム宣言を発表し，極度の貧困の人口割合を1990年と比べて2015年には半減させる目標を立てた。しかし2015年に目標達成がならず，その反省点として環境問題や人権問題など有機的に関連する事項を改善していく必要が確認される。そして2015年9月の国連持続可能な開発サミットで「我々の世界を変革する：持続可能な開発のための2030アジェンダ」（通称：2030アジェンダ）が採択された。これは国連加盟国全体で2030年までの達成を目指す17の目標と169のターゲットによって構成され，持続可能な社会づくりに関する様々なルールの集大成となっており，先進国でも途上国でも，政府，企業，関係者のすべてが，自主的に取組むものとしている。これがSDGsである。

SDGsは，持続可能性を追求するローカルな中小企業がグローバル基準をみたす一つの指標として活用できるものであり，活用していることが意識の水準を表わすことになる。グローバルな市場での顧客からの評価を知名度や企業規模の大小区別なく認識してくれるのである。グローバル企業はもちろんローカルな企業にとってもSDGsへ取組むことは，過去にない重要な機会を得る可能性が高い。なぜならばSDGsはMDGsに比べてその世界的普及率が圧倒的に高いからだ。これはこの15年間で消費者が企業活動内部での環境意識を商品価値として認め始めたものといえる。

ここではこれ以上SDGsの詳細には立ち入らないが，投資機会を得るための中小企業にとってのSDGsの有効性について述べておこう。SDGsに取組む企業を対象としたESG投資(2)とその普及を目指すための責任投資原則(3)を採用する機関投資家が増加している。よって，世界中の企業がSDGsを経営の中に取り込むことでESG投資を呼び込もうと力を注いでいる。世界では無名なローカルな中小企業でもSDGs経営の取組みをSNSを使って情報発信することで，企業活動の品質を評価され信頼を得られ，投資と取引をグローバルで展開できる機会を得やすくなるのである。

11. 知識基盤社会における持続可能な中小企業

自然環境ばかりではなく社会環境の変化への適応も中小企業の持続可能性にとっては欠かせない。今日の変化は，グローバル化への変化と知識基盤社会への変化である。よって企業が持続可能となるには，経済のグローバル化という変化に適応すると同時に，知識社会への変化にも適応しなければならない。

知識を基盤とする社会とは何か。この議論ではいまだ曖昧な部分が多いが，いくつかの有力な説がみられる。P.F. ドラッカー（Drucker, Peter F. 1989）によると，知識基盤社会では，まず第一に，創造が価値を持ち，知識が中心的な資源となる。このため大量生産大量消費時代の主役が製造ラインで働くブルーワーカーや肉体労働者であったのに対し，知識基盤社会では知識労働者が主役となる。

第二に企業活動を持続可能とするには，その機能を果たす知識労働者を確保する必要がある。また，知識とくに高度な知識は，つねに専門化する。知識は，本質からしてつねに専門分化している。しかも専門家は，本社よりも現場で必要になる。専門家は，同僚や顧客と情報交換を中心に仕事の位置づけと方向づけを行う。

そのためには経営トップの指示を伝達するヒエラルキー型組織から現場の専門家が意思決定を行えるために必要な情報を提供するプロジェクト型の情報化組織が必要となる。専門とする知識や技能が自らの価値を決定する知識労働者は，所属する組織が第一とはならない。

また，知識社会では，教育に終わりはない。何度でも学校へ帰ってくるようにしなければならない。したがって今後，医師，教師，科学者，経営管理者，技術者，会計士など，高等教育を受けた者を対象とする継続教育が成長産業となる。また，教育はもはや学校だけのものではない。あらゆる組織が教育機関になる必要がある。

このドラッカー（1989）の指摘は多くの示唆を含んでいる。地域に根差した中小企業でも知識労働者が主役となる。そこでは地域のコミュニティからのニーズや有効な知識を持つ他の知識労働者とのネットワークを駆使して製品開発やビジネスモデルを創造していく必要がある。農村型アントレプレナーの考察でも見たように，知識労働者は離れた未知の消費者ニーズを探り産地に点在する知識を集結し仕事を完成させる必要があるだろう。それは単なる事務労働とは異なる。机や組織に縛られて過ごすのではなく，自ら顧客との関係を築き，プロジェクトを組む仲間を見つけ，全体の方向性と目的を明確に示すためのマネジメント能力を兼ね備えなければならない。場合によっては，マネジメント自身の専門家が必要である。

12. 中小企業のマネジメントと地域性

マネジメントは資源の運用方法であり，それは知識である。自然資源を消費する生産活動に伴ってマネジメントは副産物のように蓄積される。だがこの副産物であるマネジメントは知識であるからいくら使っても減ることはない。とは言っても環境や技術の変化で旧来の知識が陳腐化し機能しなくなることは多い。その場合，変化に応じてマネジメント知識も変化させる必要がある。マネジメント知識の変化は，当初は過去の成功を基にした既存の知識を現在の変化に適応させる形で進化する。大企業のように環境を自己のマネジメント手法に合わせて変えることができるならば，マネジメント知識は地球上のどこでも場所を選ばずコピーして利用することができる。このマネジメント知識は，多くの時間と労力と資金を使って，失敗を重ねる中で高度化していく。これは形式知[(4)] であれば，容易に他社や他地域でも真似ができるようにみえるが，しかしほとんどの場合，マネジメント知識が扱う生産要素，特に人間の地域特性の違いが大きく影響する場合では，具体的な実施方法にはその場所のオリジナルな条件に適合できるように知識を変更しなければならなくなる。

例えば日本の大手企業が海外生産を始めた時に，現地に人と機械を送り込み，現地の労働力を活用したが多くの困難に直面した。それは労働力である人間の管理が日本人と同じようにはいかなかったからである。最適なマネジメントは環境に応じて異なり，また時間とともに変化する。結局のところ地域の風土によってオリジナルなマネジメントが必要となる。一律なマネジメント知識では非効率的となる場合大企業であっても特性によって複数の小事業に分割し複数の異なったマネジメント知識の集合体となる。例えば，2013年にパナソニックが試行錯誤のうえ到達したように，それはまるで中小企業の連合体のようにならざるを得なかった。

このようにグローバル化する大企業でも，その内実ではローカル化している。今後は，大企業と比較しようとして地域依存型の中小企業を論じる意味は薄れていくだろう。ドラッカーが指摘するように，これからの生産活動は機能による小単位で組織化されと考えられる。そしてその小単位や個人は，単一の大組織に留まる必要がなくなり，自らの機能を有効に活用してくれる場を求めて，結びついたり離れたりしながらネットワークを形成していくと考えられる。同じ価値観や専門技術を持った個人のネットワークが専門家集団として現れて課題解決しつつネットワークに新たな人財を迎え入れたり，他のネットワークと協働しつながりを拡大したりしていく。そして仕事が終わったら，その中で吸収した高度な知識を基に，さらなる別のネットワークを形成するようになるだろう。その時，仕事の目的となるのは対象とする地域の課題とその特性の理解でありそれを解決する方法と手段の創造となり，利潤ではなくなる。利潤と資本はあくまで目的達成のための手段となる。この時，企業規模の大小を論じることは，経済社会にとってどれほどの意味があるだろうか。

このように遠い未来に思いを巡らせつつも，今を見つめると中小企業には大きな可能性がある。利益率を求めて不採算部門の廃止や事業再編と組織改革に没頭する大企業のわきで，個人の能力を活かしきる，能力を開発することがより求められる中小企業は多様であり，持続可能である。

電気自動車と自動運転が自動車産業のアーキテクチャを一変させるとき，物質としての乗り物はプラットフォーム化し，その上で多様な動力，エネルギーAI技術，つながるシステムが生み出されようとしている。世界有数のトップ企業トヨタ自動車株式会社にあっても自社の持続性に危機感を持ち，自動運転システムの構築，蓄電部品の開発への投資を行うとき，それはフルセットでの内製化ではなくベンチャー企業への投資として外部資源に依存せざるを得なくなっている。なぜならばこれからの自動車の変化には無数の可能性があり，それは世界各地の環境に対応する余りにも多様な選択肢と多方面での開発が必要となるからである。よって，それらすべてを自社内で開発するためのコストは莫大となりすぎるにもかかわらず，その開発技術が自社の製品に役に立つものとなるかどうかは不確実だからである。そのとき最善の方法が，他者との連携，外部ベンチャーへの投資というものであった。

またソニーはヒット商品プレイステーションを中小のソフトハウスが開発するゲームソフトのプラットフォームとするビジネスモデルを事業化している。そこではタイトル数の多様さ豊富さがプレイステーション自身の製品の価値を高めている。ゲームソフトの制作技術や知識は中小企業や個人プログラマーのなかで膨大かつ高度に蓄積され，それぞれが新しいプロジェクトとして結合しゲームを開発する。プレイステーションの価値は，そのソフトの多様性によって生みだされている。

13. 多様性と持続可能性から考える中小企業

中小企業の持続可能性を実現する課題の最大の要因は，人財の確保とその流動化である。変化へ適応する能力が企業の持続性を決める重要な要素であるとき，組織の規模拡大よりも機能の高度化へと競争力の要因が移りはじめているからである。この規模から機能への転換は，機能の高度化を担う人財なくしては成長できない。その人財が成長できる職場環境を提供できるかどうかが，組織の競争力を左右する。企業内で奇人変人といわれる人が変革の中心となったという事例は数多くみられる。多くの特に優秀な人財はその技術や企画力に自分の存在意義を見出しており，所属する企業に将来をゆだねているわけではない。したがって優秀な人財は，自己の能力を高めるためならばより環境の良い職場へ転職する。優秀な人財にとって魅力のある職場環境を提供できない企業は競争力を失う。

多様性を持った持続可能な経済発展は，ローカルな特殊性を生かしつつ，グローバルな市場で財・サービスを供給することが可能である。市場規模が縮小する地域ではそのような持続的地域依存型中小企業が地域経済を担う大きな存在となる。これからの時代は，もはや企業の大とか中小とかの大きさは経済政策にとって意味をなさなくなるのではないか。将来的には企業そのものの組織の在り方も根本的に見直さざるを得なくなるだろう。

機能の高度化，多様化の競争が激しい電子デバイス産業では企画，設計，製造，販売を一企業で行わなくとも生産活動は可能となっている。Apple社のように工場を持たないファブレス企業でも世界トップの企業資産を有する大企業として存在できている。それを実現しているのが，EMS（electronics manufacturing service）受託生産の大量生産方式である。アイデアさえあれば，それを設計し部品を調達しEMSで大量生産を行うことができる。EMSはいわば創造的生産分野のプラットフォームであり，それを活用して大企業も中小企業も自社のオリジナル製品の商品化を実現している。

地域に存在する多数の多様性ある持続的地域依存型中小企業がグローバル市場で，課題解決を提案するためには，SDGsなどのグローバルな環境維持のニーズに適応するために各地の環境問題のルールも理解しなければならない。

【注記】

(1) 足尾銅山は明治維新後に国営鉱山が古川財閥へ払い下げられ国内産出量の40%を占め年間生産量数千トンを採掘する東アジア最大規模の銅の国内最大の鉱山であった。当時栃木県選出の衆議院議員であった田中正造を中心に1000人近い被害農民が国を訴え，田中正造が天皇に直訴しようとして逮捕されるなど公害問題は全国に報じられた。にもかかわらず明治政府の富国強兵政策のもと銅は銃弾の材料としての軍需物資であり，鉱山での採掘は続けられた。政府と鉱山企業は公害対策を施すものの当時の技術では不十分で，環境汚染は長期に続いた。足尾銅山が閉山したのは1973年のことである。

(2) ESG投資とは，財務情報だけではなく，企業の環境（Environment）・社会（Social）・ガバナンス（Governance）に関する取組みも考慮した投資。

(3) 責任投資原則（PRI: Principles for Responsible Investment）とは，機関投資家の意思決定プロセスにESG課題を組み込み，受益者のために長期的な投資成果を向上させることを目標とした原則。

(4) 形式知とは，野中郁二郎による知識創造の一過程である。

資料　主要国の中小企業の状態

日本 産業別規模別企業数（会社数＋個人事業者数）

2016年	中小企業				大企業		合計	
			うち小規模企業					
産業	企業数	構成比（%）	企業数	構成比（%）	企業数	構成比（%）	企業数	全産業構成比（%）
鉱業，砕石業，砂利採取業	1,310	99.7	1,138	86.6	4	0.3	1,314	0.04
建設業	430,727	99.9	410,820	95.3	272	0.1	430,999	12.01
製造業	380,517	99.5	327,617	85.7	1,961	0.5	382,478	10.66
電気・ガス・熱供給・水道業	975	96.9	699	69.5	31	3.1	1,006	0.03
情報通信業	42,454	98.7	27,782	64.6	552	1.3	43,006	1.20
運輸業，郵便業	67,220	99.7	48,326	71.6	236	0.3	67,456	1.88
卸売業，小売業	831,058	99.5	659,141	78.9	4,076	0.5	835,134	23.27
金融業，保険業	27,338	99.0	26,180	94.8	271	1.0	27,609	0.77
不動産業，物品賃貸業	299,961	99.9	292,610	97.4	322	0.1	300,283	8.37
学術研究，専門・技術サービス業	181,763	99.6	154,892	84.9	683	0.4	182,446	5.08
宿泊業，飲食サービス業	509,698	99.9	435,199	85.3	736	0.1	510,434	14.22
生活関連サービス業，娯楽業	363,009	99.8	337,843	92.9	572	0.2	363,581	10.13
教育，学習支援業	101,663	99.9	88,993	87.4	136	0.1	101,799	2.84
医療，福祉	207,043	99.9	143,291	69.1	275	0.1	207,318	5.78
複合サービス事業	3,375	100.0	3,360	99.5	1	0.0	3,376	0.09
サービス業（他に分類されないもの）	130,065	99.2	90,499	69.0	1,029	0.8	131,094	3.65
非一次産業計	3,578,176	99.7	3,048,390	84.9	11,157	0.3	3,589,333	100

出所：中小企業庁（2019）『中小企業白書』「付属統計資料」より作成

※複合サービス事業とは，郵便局や協同組合等。（経済センサス大分類による）

郵便局は，郵便事業，銀行窓口業務及び保険窓口業務の全てを行うとともに，市町村等からの委託を受けることなどにより，複数の大分類にわたる各種サービスを提供している。

協同組合は，信用事業又は共済事業と併せて経営指導事業，購買事業，厚生事業等を複合的に行う農林水産業協同組合及び事業協同組合の事業所をいう。

なお，単一の事業を行う協同組合の事業所は，その行う事業によりそれぞれの産業に分類される。また，複数の事業を行う事業所であっても，信用事業又は共済事業を行っていない場合は，その事業所で行う事業のうち，主要な経済活動によりそれぞれの産業に分類される。

日本 産業別規模別従業員総数（会社及び個人の従業者総数）

2016年	中小企業				大企業		合計	
			うち小規模企業					全産業
産業	従業者総数	構成比（%）	従業者総数	構成比（%）	従業者総数	構成比（%）	従業者総数	構成比（%）
鉱業，砕石業，砂利採取業	17,024	83.4	8,678	42.5	3,395	16.6	20,419	0.04
建設業	3,244,169	88.6	2,107,520	57.5	419,285	11.4	3,663,454	7.83
製造業	6,202,447	65.3	1,838,047	19.4	3,294,245	34.7	9,496,692	20.3
電気・ガス・熱供給・水道業	38,689	20.3	4,615	2.4	152,146	79.7	190,835	0.41
情報通信業	969,660	61.5	104,029	6.6	605,754	38.5	1,575,414	3.37
運輸業，郵便業	2,216,062	73.9	346,779	11.6	780,964	26.1	2,997,026	6.41
卸売業，小売業	6,952,779	65.0	1,824,332	17.0	3,747,437	35.0	10,700,216	22.87
金融業，保険業	213,887	16.9	104,591	8.3	1,049,863	83.1	1,263,750	2.7
不動産業，物品賃貸業	1,164,919	82.2	718,118	50.7	252,789	17.8	1,417,708	3.03
学術研究，専門・技術サービス業	1,008,309	70.6	420,595	29.5	419,533	29.4	1,427,842	3.05
宿泊業，飲食サービス業	3,603,582	73.1	1,283,663	26.0	1,324,203	26.9	4,927,785	10.53
生活関連サービス業，娯楽業	1,772,497	80.3	747,774	33.9	435,788	19.7	2,208,285	4.72
教育，学習支援業	565,763	82.4	185,818	27.1	121,109	17.6	686,872	1.47
医療，福祉	1,666,393	88.7	447,866	23.8	212,071	11.3	1,878,464	4.01
複合サービス事業	9,478	2.3	9,334	2.2	407,809	97.7	417,287	0.89
サービス業（他に分類されないもの）	2,555,374	65.2	285,512	7.3	1,362,572	34.8	3,917,946	8.37
非一次産業計	32,201,032	68.8	10,437,271	22.3	14,588,963	31.2	46,789,995	100

出所：中小企業庁（2019）『中小企業白書』「付属統計資料」より作成

アメリカ（企業数）
（法人＋個人事業［雇用者20人未満企業には非雇用者所有企業を含む］）

2012年	雇用者500人未満企業数（社）		雇用者20人未満企業数（社）		大企業		合計	
産業	企業数	構成比（%）	企業数	構成比（%）	企業数	構成比（%）	企業数	全産業構成比（%）
鉱業	131,711	99.7	128,299	97.1	369	0.3	132,080	0.46
公益企業	24,226	99.2	23,008	94.2	199	0.8	24,425	0.09
建設業	2,986,853	100.0	2,941,581	98.5	896	0.0	2,987,749	10.50
製造業	597,395	99.4	537,766	89.5	3,626	0.6	601,021	2.11
卸売業	720,561	99.6	678,288	93.7	2,957	0.4	723,518	2.54
小売業	2,553,731	99.9	2,499,657	97.8	2,165	0.1	2,555,896	8.98
運輸業，倉庫業	1,224,930	99.8	1,206,858	98.4	2,167	0.2	1,227,097	4.31
情報サービス	397,798	99.7	388,144	97.3	1,105	0.3	398,903	1.40
金融業，保険業	953,785	99.8	936,527	98.0	1,654	0.2	955,439	3.36
不動産，賃貸，リース業	2,658,704	100.0	2,646,277	99.5	1,236	0.0	2,659,940	9.35
専門，科学技術サービス業	3,981,701	99.9	3,936,119	98.8	3,186	0.1	3,984,887	14.00
企業・事業の経営管理サービス業	19,261	71.8	4,324	16.1	7,558	28.2	26,819	0.09
管理支援，廃棄物管理，汚染除去サービス業	2,329,726	99.8	2,294,435	98.3	3,665	0.2	2,333,391	8.20
教育サービス業	686,637	99.8	669,101	97.3	1,321	0.2	687,958	2.42
医療，社会援助	2,579,548	99.8	2,499,266	96.7	4,204	0.2	2,583,752	9.08
芸術，興行，レクリエーション	1,350,733	99.9	1,335,577	98.8	775	0.1	1,351,508	4.75
宿泊業，飲食サービス業	834,017	99.7	723,896	86.6	2,100	0.3	836,117	2.94
その他サービス（行政は除く）	4,188,671	100.0	4,145,376	98.9	1,383	0.0	4,190,054	14.72
未分類	7,103	100.0	7,094	99.9	1	0.0	7,104	0.02
産業全体	28,443,856	99.9	25,896,263	91.0	18,219	0.1	28,462,075	100.00

出所：中小企業庁助成政策審議局（SBA: Small Business Administration, Office of Advocacy）「中小企業経済活動―Advocacy：政府内中小企業からの声（The Small Business Economy 2012 Advocacy: the voice of small business in government）2012年発行」

（注）1. 表で使用している「企業」はFirmを訳したものである。Firmとは，親企業（parent company）によって所有され（同一地域および/または同一業種に属し），年間給与支払い実績のある全事業所（establishment）の総体と定義される。
2.「NA」は入手不能Not Availableの意味であり，「―」（説明なし。）とは区別される。

作成：三菱総合研究所（2016，平成28年3月）『平成27年度 海外の中小企業・小規模事業者に関する制度及び統計調査に係る委託事業報告書<統計編>』中小企業庁委託調査
※筆者が，雇用者20人未満企業数㈳に個人事業を含めて再計算した。

資料解説

「企業・事業の経営管理サービス業」と「未分類」の非雇用者所有企業数は不明。

企業（firm）とは，親企業（parent company）に所有され（同一地域および/または同一業種に属し），年間給与支払い実績のあるすべての事業所の総体と定義される。（中小企業庁助成政策審議局ウェブサイト内「企業規模別データFirm Size Data」より）

アメリカ（被雇用者数）

2012年	雇用者500人未満企業				大企業		合計	
			非雇用者所有					
産業	被雇用者数	産業内構成比（%）	企業数	産業内構成比（%）	被雇用者数	産業内構成比（%）	被雇用者数と個人事業主合計	全産業内構成比（%）
農業	377,209	94.0	240,054	59.8	23,922	14.9	401,131	0.29
鉱業	404,282	48.3	109,931	13.1	433,275	59.5	837,557	0.60
公益企業	130,077	19.7	18,452	2.8	529,438	82.6	659,515	0.48
建設業	6,726,818	88.4	2,346,798	30.8	880,922	16.7	7,607,740	5.49
製造業	5,431,563	47.1	344,658	3.0	6,105,138	54.5	11,536,701	8.32
卸売業	3,849,003	62.2	408,487	6.6	2,335,727	40.4	6,184,730	4.46
小売業	7,227,116	43.2	1,905,147	11.4	9,485,989	64.1	16,713,105	12.05
運輸業，倉庫業	2,627,089	49.6	1,059,040	20.0	2,665,332	63	5,292,421	3.82
情報サービス	1,189,595	34.3	327,795	9.5	2,274,225	72.5	3,463,820	2.50
金融業，保険業	2,627,834	39.2	720,598	10.8	4,072,425	68.1	6,700,259	4.83
不動産，賃貸，リース業	3,734,208	86.2	2,389,906	55.2	596,379	30.7	4,330,587	3.12
専門，科学技術サービス業	7,979,456	71.1	3,212,202	28.6	3,248,927	40.5	11,228,383	8.10
企業・事業の経営管理サービス業	386,346	12.7	—	0.0	2,650,953	87.3	3,037,299	2.19
管理支援，廃棄物管，汚染除去サービス業	5,522,032	46.5	2,006,177	16.9	6,350,441	64.4	11,872,473	8.56
教育サービス業	2,096,816	51.4	603,455	14.8	1,983,686	57.1	4,080,502	2.94
医療，社会援助	10,394,166	51.1	1,943,028	9.6	9,927,204	54	20,321,370	14.65
芸術，興行，レクリエーション	2,537,945	77.1	1,236,539	37.5	755,884	36.7	3,293,829	2.38
宿泊業，飲食サービス業	7,519,094	61.0	340,770	2.8	4,806,950	40.1	12,326,044	8.89
その他サービス（行政は除く）	8,031,012	91.5	3,522,878	40.1	748,116	14.2	8,779,128	6.33
未分類	—		—		—		—	
産業全体	78,798,808	56.8	22,735,915	16.4	59,875,575	51.6	138,674,383	100

出所：中小企業庁助成政策審議局（SBA: Small Business Administration, Office of Advocacy）「中小企業経済活動—Advocacy：政府内中小企業からの声（The Small Business Economy 2012 Advocacy: the voice of small business in government）2012年発行」

（注）1. 表で使用している「企業」はFirmを訳したものである。firmとは，親企業（parent company）によって所有され（，同一地域および/または同一業種に属し），年間給与支払い実績のある全事業所（establishment）の総体と定義される。

2. 被用者数は3月に集計される。したがって，ある企業の被用者数が（3月後開業，3月前廃業，季節企業などの場合）0となることもある。

3.「—」は入手不能NAの意。NAを含む産業の合計は，被用者0人の企業が除かれている。

資料解説

非雇用者所有企業（nonemployer firm）とは，有給の被用者を有さず，年間営業収入が1,000ドル以上（建設業では1ドル以上）で，連邦所得税の義務を負う企業と定義される。（中小企業庁助成政策審議局ウェブサイト内「企業規模別データFirm Size Data」より）

（筆者）これは日本では「個人事業主」に該当すると考える。よって日本と比較しやすいように元の資料では区別されている非雇用者所有企業を「雇用者20人未満雇用数」へ算入し，作成し直した。

ドイツ（企業数）

2012年	全企業									
			中小企業（KMU）		零細企業		小企業		中小企業	
産業	企業数	構成比（%）	企業数	構成比（%）	企業数	構成比（%）	企業数	構成比（%）	企業数	構成比（%）
鉱業および採石業	2,355	100	2,315	98.30	1,595	0.0	582	0.2	138	0.2
製造業	252,803	100	247,408	97.90	185,255	5.7	45,951	15.5	16,202	23.5
エネルギー供給業	60,473	100	59,885	99.00	57,619	1.8	1,554	0.5	712	1
水供給，下水・廃棄物処理	12,555	100	12,342	98.30	8,525	0.3	2,815	0.9	1,002	1.5
建設業	392,624	100	392,291	99.90	352,832	10.8	35,873	12.1	3,586	5.2
商業，自動車修理	670,272	100	665,898	99.30	583,788	17.8	66,633	22.4	15,477	22.4
運輸・倉庫	121,962	100	121,231	99.40	100,934	3.1	16,677	5.6	3,620	5.2
宿泊飲食業	248,900	100	248,709	99.90	233,051	7.1	13,902	4.7	1,756	2.5
情報通信業	130,758	100	130,167	99.50	118,512	3.6	9,201	3.1	2,454	3.6
金融・保険	70,151	100	69,301	98.80	65,735	2	2,220	0.7	1,346	1.9
不動産業	324,562	100	324,358	99.90	315,628	9.6	7,362	2.5	1,368	2
科学的な専門技術サービス業	515,188	100	514,366	99.80	483,566	14.8	26,816	9	3,984	5.8
経済サービス業	203,354	100	201,986	99.30	181,564	5.5	15,032	5.1	5,390	7.8
教育	76,566	100	76,191	99.50	63,093	1.9	11,302	3.8	1,796	2.6
健康	237,659	100	235,534	99.10	200,381	6.1	27,418	9.2	7,735	11.2
芸術，エンターテイメント，娯楽業	104,852	100	104,721	99.90	100,791	3.1	3,333	1.1	597	0.9
その他のサービス業	238,398	100	238,055	99.90	225,414	6.9	10,723	3.6	1,918	2.8
産業計	3,663,432	100	3,644,758	100	3,278,283	100	297,394	100	69,081	100

出所：ボン中小企業研究所（ifM）
資料：ビジネスレジスターによる産業の構造，データの出所：連邦統計局ビジネスレジスターシステム95
ボン中小企業研究所による定義：中小企業（KMU）従業員数499人以下かつ売上高5,000万ユーロ未満の企業
（注）1. EUによる定義
零細企業：従業員0人以上10人未満かつ年間売上高200万ユーロ以下もしくは総資産が200万ユーロ以下
小企業：従業員10人以上50人未満かつ年間売上高1,000万ユーロ以下もしくは総資産が1,000万ユーロ以下
中規模企業：従業員50人以上250人未満かつ年間売り上げ5,000万ユーロ以下もしくは総資産が4,300万ユーロ以下
2. 経済活動による分類2012年版

ドイツ（従業員数）

2012年	全企業 従業者数（人）	中小企業 従業者数（人）	大企業 従業者数（人）	中小企業割合（%）
鉱業および採石業	59,333	—	—	—
製造業	6,730,383	2,983,304	3,747,079	44.3
エネルギー供給業	249,412	—	—	—
水供給，下水・廃棄物処理	231,466	155,708	75,758	67.3
建設業	1,565,010	1,426,470	138,540	91.1
商業，自動車修理	4,226,899	2,426,978	1,799,921	57.4
運輸・倉庫	1,484,455	819,830	664,625	55.2
宿泊飲食業	868,061	763,324	104,737	87.9
情報通信業	897,672	513,764	383,908	57.2
金融・保険	1,001,004	391,723	609,281	39.1
不動産業	242,693	198,972	43,721	82
産業計	1,642,364	1,262,354	380,010	76.9
科学的な専門技術サービス業	2,011,526	1,245,604	765,922	61.9
経済サービス業	913,881	561,823	352,058	61.5
教育	3,683,154	2,272,203	1,410,951	61.7
健康	234,125	195,345	38,780	83.4
その他のサービス業	865,374	693,913	171,461	80.2
芸術，エンターテイメント，娯楽	26,906,812	15,972,290	10,934,522	59.4

資料：ビジネスレジスターによる雇用供給に基づいた産業の構造
データの出所：連邦統計局ビジネスレジスターシステム95
（注）1. ボン中小同族企業研究所による定義
中小企業（KMU）：従業員数499人以下かつ売上高5,000万ユーロ未満の企業
2. 経済活動による分類2012

イギリス 産業別規模別企業数

2012年	中小企業数				大企業		合計	
			うち零細企業数					全産業
産業	企業数	構成比(%)	企業数	構成比(%)	企業数	構成比(%)	企業数	構成比(%)
農業・林業・漁業	152,040	100	148,560	97.7	45	0	152,085	3.17
鉱業・採石業と電気・ガス・水道	25,545	99.6	23,875	93.1	110	0.4	25,655	0.54
製造業	229,750	99.5	202,095	87.5	1,220	0.5	230,970	4.82
建設業	907,200	100	890,460	98.1	280	0	907,480	18.93
卸・小売業，修理業	513,780	99.8	476,135	92.5	1,025	0.2	514,805	10.74
ホテル・飲食業	166,125	99.7	144,010	86.5	430	0.3	166,555	3.47
運輸業・倉庫業	269,600	99.9	261,675	96.9	345	0.1	269,945	5.63
情報通信業	288,750	99.9	279,995	96.9	325	0.1	289,075	6.03
金融仲介業	76,045	99.6	71,920	94.2	335	0.4	76,380	1.59
不動産業	91,665	99.8	87,200	95	145	0.2	91,810	1.92
教育	243,095	99.9	239,395	98.4	125	0.1	243,220	5.07
医療，福祉	303,200	99.9	281,045	92.6	340	0.1	303,540	6.33
その他	1,520,865	99.9	1,473,595	96.8	1,730	0.1	1,522,595	31.76
合計	4,787,650	99.9	4,579,950	95.5	6,455	0.1	4,794,105	100

出所：三菱総合研究所（2016）平成28年『平成27年度海外の中小企業・小規模事業者に関する制度及び統計調査に係る委託事業 報告書<統計編>』p.26-30.

資料：イギリスと地方のビジネス人口推計：統計リリース（Business Population Estimates for the UK and regions, Statistical Release）

データの出所：国家統計局および省間合同事業体記録

（注）1. 小企業とは従業員50人未満，中規模企業は従業員50人以上250人未満，大企業は従業員250人以上の企業を指す。

2. ここで小規模事業者とは，従業員が10人未満の企業を指す。

3. 行政機関（government）および非営利団体（non-profit organization）は含まれない。

4. 1994年から1999年まで，鉱業・採石業と電気・ガス・水道は別々に記録されていたが，2000年以降これらは合併された。2010年以降，情報・通信は，運輸・倉庫とは別に分類されている。

5. 99.99％の場合，100％と表示されている。

6. +は「以上」の意味であるが，正確な数値は不明である。

7. 出所元のエクセルファイルのデータは企業規模を従業員数で分類しているため，上記統計表を作成するためには，中小企業の定義に基づいて，小規模事業者，中小企業，大企業の数値を，出所元の従業員数別の数値をもとに算出しなければならない。

イギリス 産業別規模別授業員数

2012年	中小企業				大企業		合計	
			うち零細企業					全産業
産業	従業者数（千人）	構成比（%）	従業者数（千人）	構成比（%）	従業者数（千人）	構成比（%）	従業者数（千人）	構成比（%）
農業・林業・漁業	417.0	95.4	331.0	75.7	20.0	4.6	437.0	1.83
鉱業・採石業と電気・ガス・水道	92＋	27.1	40.0	11.8	229＋	67.4	340.0	1.42
製造業	1,450.0	56.8	410.0	16.1	1,102.0	43.2	2553.0	10.69
建設業	1,690.0	85.1	1,244.0	62.7	296.0	14.9	1,985.0	8.31
卸・小売業，修理業	2,181.0	45.3	1,127.0	23.4	2,629.0	54.7	4,810.0	20.13
ホテル・飲食業	1,083.0	58.8	488.0	26.5	760.0	41.3	1,841.0	7.71
運輸業・倉庫業	612.0	44.9	358.0	26.3	752.0	55.2	1,363.0	5.70
情報通信業	683.0	57.6	408.0	34.4	503.0	42.4	1,186.0	4.96
金融仲介業	281.0	25.4	132.0	11.9	827.0	74.7	1,107.0	4.63
不動産業	314.0	74.4	200.0	47.4	108.0	25.6	422.0	1.77
教育	413.0	84.6	291.0	59.6	76.0	15.6	488.0	2.04
医療，福祉	1,115.0	73.3	422.0	27.7	406.0	26.7	1,522.0	6.37
その他	3,794＋	65.0	2,299.0	39.4	2,031＋	34.8	5,839.0	24.44
合計	14,130.0	59.1	7,750.0	32.4	9,763.0	40.9	23,893.0	100

出所：三菱総合研究所（2016）平成28年『平成27年度海外の中小企業・小規模事業者に関する制度及び統計調査に係る委託事業　報告書<統計編>』p.33-37.

資料：イギリスと地方のビジネス人口推計：統計リリース（Business Population Estimates for the UK and regions, Statistical Release）

データの出所：国家統計局および省間合同事業体記録

（注）1. 小企業とは従業員50人未満，中規模企業は従業員50人以上250人未満，大企業は従業員250人以上の企業を指す。

2. ここで小規模事業者とは，従業員が10人未満の企業を指す。

3. 行政機関（government）および非営利団体（non-profit organization）は含まれない。

4. 1994年から1999年まで，鉱業・採石業と電気・ガス・水道は別々に記録されていたが，2000年以降これらは合併された。2010年以降，情報・通信は，運輸・倉庫とは別に分類されている。

5. 99.99%の場合，100%と表示されている。

6. *「正確な数値は不明」

7. +は「以上」の意味であるが，正確な数値は不明である。

8. 出所元のエクセルファイルのデータは企業規模を従業員数で分類しているため，上記統計表を作成するためには，中小企業の定義に基づいて，小規模事業者，中小企業，大企業の数値を，出所元の従業員数別の数値をもとに算出しなければならない。

フランス（従業員数）

単位：1,000

年	小規模事業者	中小企業	中堅企業	大企業	合計	小規模事業者を除く合計	全企業に対する中小企業の割合（小規模事業者を除く）
2009	2,378	3,530	2,878	3,986	12,771	10,393	34.00%
2010	2,960	4,088	3,208	4,430	14,685	11,725	34.90%
2011	2,925	4,153	3,363	4,493	14,934	12,009	34.60%
2013	—	3,414	3,019	3,691	—	10,125	33.70%

出所：国立統計経済研究所（INSEE, ESANE）

（注）中小企業とは従業員250人未満，売上5,000万ユーロの企業を指す。
　　中堅企業とは従業員250人以上，5,000人未満，売上15億ユーロ未満の企業を指す。
　　小規模事業者とは自営の個人事業者を指す。

フランス（企業数）

2012/1/1	企業全体		中小企業全体		零細企業		小企業		中規模企業	
	企業数	構成比（%）	企業数	構成比（%）	企業数	構成比（%）	企業数	構成比（%）	企業数	構成比（%）
製造業・地下資源産業等	248,516	100	246,752	99.3	211,115	85.0	28,847	11.6	6,790	2.7
上記のうち製造業	217,182	100	215,548	99.2	182,059	83.8	27,105	12.5	6,384	2.9
建設業	486,195	100	485,855	99.9	456,742	93.9	26,866	5.5	2,247	0.5
卸売業・小売業・輸送業・ホテル業・外食産業	1,073,895	100	1,072,295	99.9	1,002,049	93.3	61,019	5.7	9,227	0.9
内訳：										
商業；自動車や自動二輪車の修理	731,858	100	730,846	99.9	688,160	94.0	37,007	5.1	5,679	0.8
輸送業と倉庫保管	92,905	100	92,462	99.5	81,355	87.6	8,911	9.6	2,196	2.4
ホテル業と外食産業	249,132	100	248,987	99.9	232,534	93.3	15,101	6.1	1,352	0.5
情報と通信	124,058	100	123,733	99.7	116,980	94.3	5,540	4.5	1,213	1.0
金融業・保険業	126,901	100	126,495	99.7	122,249	96.3	3,577	2.8	669	0.5
不動産業	168,179	100	168,070	99.9	165,207	98.2	2,381	1.4	482	0.3
専門的・科学的・技術的活動，または経営サービス，援助活動	609,347	100	608,444	99.9	579,029	95.0	25,182	4.1	4,233	0.7
教育・医療・社会的事業	483,425	100	482,985	99.9	467,736	96.8	11,834	2.4	3,415	0.7
その他の活動・事業	276,064	100	275,996	100.0	270,484	98.0	4,929	1.8	583	0.2
合計	3,596,580	100	3,590,625	99.8	3,391,591	94.3	170,175	4.7	28,859	0.8

以下の諸分野に関連する企業は除外する。

・農業，林業，漁業，金融業（銀行および保険），不動産貸借，会計士事務所など公認の法的形態，市民団体

1. EUによる定義

零細企業：従業員0人以上10人未満かつ年間売上高200万ユーロ以下もしくは総資産が200万ユーロ以下

小企業：従業員10人以上50人未満かつ年間売上高1,000万ユーロ以下もしくは総資産が1,000万ユーロ以下

中規模企業：従業員50人以上250人未満かつ年間売り上げ5,000万ユーロ以下もしくは総資産が4,300万ユーロ以下

出所：INSEE（国立統計経済研究所），REE（企業・事業所目録）―Sirene（財務情報，企業・事業所目録））

（注）改訂版フランス活動分類表に基づく。範囲：確定したデータは，フランスの農業を除く商業活動を扱う。

三菱総合研究所（2016）平成28年『平成27年度海外の中小企業・小規模事業者に関する制度及び統計調査に係る委託事業 報告書<統計編>』p.95を次のように再集計した（0人，1～9人，10～249人の列を合計して「中小企業全体」とした。0人，1～9人の列を合計して「零細企業」とした。「中規模企業」は50～249人のため，10～249人の列から10～49人列を引いた値とした。）

イタリア（企業数）

2018年	中小企業数				大企業		合計	
			うち零細企業数 従業員0～10人					全産業構成比（%）
産業	企業数	構成比（%）	企業数	構成比（%）	企業数	構成比（%）	企業数	
採掘と採石	1,997	99.850	1,560	78.000	3	0.150	2,000	0.045
製造業	376,393	99.654	307,450	81.401	1,305	0.346	377,698	8.575
電気・ガス・蒸気・空調供給	11,755	99.669	11,226	95.184	39	0.331	11,794	0.268
上下水道，廃棄物管理，浄化活動	9,106	98.582	6,748	73.054	131	1.418	9,237	0.210
建設	492,931	99.982	473,278	95.996	87	0.018	493,018	11.194
自動車及び二輪車の卸売・小売業修理	1,071,547	99.949	1,031,985	96.259	548	0.051	1,072,095	24.341
輸送・保管	120,392	99.680	106,372	88.072	387	0.320	120,779	2.742
宿泊・給食活動	331,165	99.960	302,979	91.452	134	0.040	331,299	7.522
情報とコミュニケーション	107,000	99.837	100,246	93.535	175	0.163	107,175	2.433
金融・保険活動	99,673	99.835	97,475	97.633	165	0.165	99,838	2.267
不動産活動	235,727	99.998	234,948	99.667	5	0.002	235,732	5.352
専門的，科学的，技術的活動	764,690	99.980	755,724	98.808	150	0.020	764,840	17.365
事務・支援サービス活動	152,974	99.680	141,106	91.947	491	0.320	153,465	3.484
教育	34,475	99.974	32,395	93.942	9	0.026	34,484	0.783
人間ドックやソーシャルワークの活動	306,990	99.893	299,893	97.584	329	0.107	307,319	6.977
芸術，娯楽，レクリエーション	72,496	99.963	70,136	96.709	27	0.037	72,523	1.647
その他のサービス活動	211,173	99.985	207,240	98.123	32	0.015	211,205	4.795
合計	4,400,484	99.909	4,180,761	94.920	4,017	0.091	4,404,501	100

出所：Istat (Instituto Nazionale di Statistica) Enterprises and persons employed, il tuo accesso diretto alla statistica

イタリア（従業員数）年平均値（小数点以下四捨五入）

2018年	中小企業				大企業		合計	
			うち零細企業 従業員0～10人					全産業構成比（%）
産業	従業者数	構成比（%）	従業者数	構成比（%）	従業者数	構成比（%）	従業者数	
採掘と採石	15,580	53.353	4,304	14.739	13,622	46.647	29,201	0.169
製造業	2,829,643	75.933	829,121	22.249	896,869	24.067	3,726,512	21.556
電気・ガス・蒸気・空調供給	29,852	35.647	9,825	11.733	53,891	64.353	83,743	0.484
上下水道，廃棄物管理，浄化活動	108,592	53.362	20,167	9.910	94,911	46.638	203,503	1.177
建設	1,251,227	95.705	838,406	64.128	56,157	4.295	1,307,385	7.562
自動車及び二輪車の卸売・小売業修理	2,841,015	82.993	1,936,523	56.571	582,171	17.007	3,423,187	19.801
輸送・保管	663,064	58.736	223,388	19.788	465,826	41.264	1,128,890	6.530
宿泊・給食活動	1,413,285	90.677	895,581	57.461	145,301	9.323	1,558,586	9.015
情報とコミュニケーション	376,330	65.046	175,963	30.414	202,227	34.954	578,558	3.347
金融・保険活動	219,931	40.535	141,464	26.073	322,644	59.465	542,575	3.138
不動産活動	293,746	98.417	278,551	93.326	4,726	1.583	298,472	1.726
専門的，科学的，技術的活動	1,210,566	92.742	981,990	75.231	94,740	7.258	1,305,305	7.550
事務・支援サービス活動	660,864	47.718	254,665	18.388	724,074	52.282	1,384,938	8.011
教育	109,784	97.327	56,345	49.951	3,016	2.673	112,799	0.652
人間ドックやソーシャルワークの活動	707,142	75.955	425,227	45.674	223,859	24.045	931,001	5.385
芸術，娯楽，レクリエーション	169,999	90.058	112,956	59.839	18,767	9.942	188,766	1.092
その他のサービス活動	467,849	96.569	377,904	78.003	16,622	3.431	484,470	2.802
合計	13,368,469	77.329	7,562,378	43.744	3,919,422	22.671	17,287,891	100

出所：Istat (Instituto Nazionale di Statistica) Enterprises and persons employed, il tuo accesso diretto alla statistica

【注記】

(1) 経済協力開発機構（OECD: Organisation for Economic Co-operation and Development）

1961年に設立され，日本は1964年に，原加盟国以外で初めて，また，非欧米諸国として初めて加盟した（外務省資料より）。

【参考文献一覧】

Akerlof, G.A. (1970) "The Market for 'Lemons': Qualitative Uncertainty and the Market Mechanism". *Quarterly Jounal of Economics* 84(3), pp.488-500.

ANFAO (2010) *Italy Key Figures 2010*, http://www.anfao.it/

Babbage, C. (1832[1989]) *On the Economy of Machinery and Manufactures. Reprinted in The Works of Charles Babbage*. Vol.8. London: W. Pickering.

Bagnasco, Arnaldo (1977) *Tre It alie --La problematica territoriale dello svi1uppo italiano*, il Mulino, Il mulino.

Barle, Adolphe A. Jr. and Means, Gardiner C. (1932) *The Modern Corporation and Private Property*, New York: Macmillan.（翻訳：北島忠男『近代株式会社と私有財産』分雅堂銀行研究社，1957年）

Barney, Jay B. *Gaining and Sustaining Competitive Advantage*. 2nd Edition.（邦訳：岡田正大『企業戦略論〈上〉』『企業戦略論〈中〉』『企業戦略論〈下〉』ダイヤモンド社）

Batifoulier, P. ed. (2001) *Théorie des Conventions, Pris Economica*.（翻訳：海老塚明・須田文明<監訳>『コンヴァンシオン理論の射程』昭和堂，2006年）

Braberman, Harry (1974) *Labor and Monopoly Capital*, Monthly Review Press.（邦訳：富沢賢治『労働と独占資本』岩波書店，1978年）

Bramanti, Alberto & Ratti, Remigio (1997) "The Multi-faced dimendions of local development: The GREMI Approch", Ratti R., Bramanti A. & Gordon R. Eds, *The Dynamics of Innovative Regions*.. Ashgate, Aldershot, pp.3-44.

Camagni, R. (1991) "local 'milieu', uncertainty and innovation networks: towords a new dynamic theory of economic space Camagni, R. ed., *Innovation networks: spatial perspective*. Belhaven Press: London and New York, pp.121-144.

Chandler, Jr. Alfred D. (1978), "The United States: Evolution of Enterprise", in Peter Mathias and M.M. Postan (eds.) (1978), *The Cambridge Economic History of Europe*, Vol.7, Cambridge Univ. pr.（翻訳：丸山惠也『アメリカ経営史』亜紀書房，1986年）

Christensen, Clayton M. (1997) *The Innovator's Dilemma: When New Technologies Cause Great Firms to Fail (Management of Innovation and Change)*, Harvard Business Review Press.（邦訳：玉田俊平太<監修>，伊豆原弓<翻訳>『イノベーションのジレンマ［増補改訂版］』翔泳社，2001年）

Coase, R.H. (1937) "The Nature of the firm", *Economica*, 4, November, pp.386-405.

（邦訳：宮沢健一・後藤晃・藤垣芳『企業・市場・法』東洋経済新報社，1992年）

Cori, Berardo (1979) "Le piccole e medie industrie in Italia--Aspettiterritoriali e settoriali", *Fondazione Agnelli Quaderno* 34, pp.19-20.

Drucker, Peter F. (1989) THENEWREALITIES, Transaction Publishers.（邦訳：上田惇生『[新訳] 新しい現実（ドラッカー選書)』kindle電子版，2012年）

Freeman, C., Clark, J. and Sotet, L. (1982) *Unemployment and technical innovation: a study of long waves and economic deelopment*, London, Pinter.

Gray, John (1998) *False Dawn: The Delusion of Global Capitalism*, Granta Publication.（邦訳：石塚正彦『グローバリズムという妄想』日本経済新聞社，1999年）

Greiner, L.E. (1979) "EVOLUTION AND REVOLUTION AS ORGANIZATION GROW" *Harvard Business Review*, Jan.-Feb.（邦訳：「企業成長の"フシ"をどう乗り切るか」『ダイヤモンド・ハーバード・ビジネスレビュー』2月）

Hannan, M.T. and J. Freeman (1977) "The Population Ecology of Organization," *American Sociological Review*, Vol. 82, pp.929-964.

Henderson, Bruce Doolin (1979) *Henderson on corporate strategy*, Harper Collins.（邦訳：土岐坤『経営戦略の核心』ダイヤモンド社，1981年）

Lawrence, P.R. and Lorsch, J.W. (1967) Organization and Environment, Dicision of Research, Harverd Business School.（邦訳：吉田博『組織の条件適応理論』産業能率大学出版部，1977年）

Mankiw, N. Gregory (2004) *Principles of Economics*, Third Edition., South-Western.（邦訳：足立英之・小川英治・石川城太・地主敏樹『マンキュー経済学〈1〉ミクロ編』東洋経済新報社，2005年）

NHKスペシャル（2015）「戦後70年 ニッポンの肖像 豊かさを求めて：第1回"高度成長"何が奇跡だったのか」2015年5月30日（土）放送.

Phillips, Almarin (1971) *Technnology and market structure, a stucy of the aircraft industry*, Kexington, Heath Lexington Book.

Piore, Michel J. and Sabel, Charles F. (1984) *THE SECOND INDUSTRIAL DIVIDE*, Basic Books.（邦訳：山之内靖・石田あつみ・永易浩一『第二の産業分水嶺』筑摩書房，1993年）

Porter, M.E. (1999) *Competitive Strategy*, Free Press.（邦訳：竹内弘高『競争戦略Ⅱ』ダイヤモンド社）

Porter, M.E. and 竹内弘高（2000）『日本の競争戦略』ダイヤモンド社.

Ricardo, David (1817) *On the Principles of Political Economy, and Taxation*.（邦訳：羽鳥卓也『経済学および課税の原理〈上巻〉〈下巻〉』岩波文庫，1987年）

Salais, Robert & Storper, Michael (1992) “The four ‘worlds’ of contemporary industry”, *Cambridge Jounal of Economics*, 1992, 16, pp.169-193.

Salais, Robert & Storper, Michael (1993) *Les Mondes de Production: Enquête sur l identité Économique de la France*, Paris: Édition de EHESS.

Schumpeter, Joseph A. (1912) *Theorie der wirtschaftlichen Entwicklung*.（邦訳：塩野谷祐一・中山伊知郎・東畑精一『経済発展の理論―企業者利潤・資本・信用・利子および景気の回転に関する一研究〈上〉』岩波文庫，1977年）

Schumpeter, Joseph. A. (1920) *Theorie Der Wirtschaftlichen Entwicklung*.（邦訳：塩野谷祐一・中山伊知郎・東畑精一『経済発展の理論』岩波文庫）

Schumpeter, Joseph. A. (1950) *Capitalism, Socialism & Democracy*.（邦訳：中山伊知郎・東畑精一『資本主義・社会主義・民主主義』東洋経済，1995年）

Hirsh, Seev (1967) *Location of Industry and International Competitiveness*. Oxford: Clarendon Press.

Sen, Amartya (1999) *On Ethics and Economics*, Oxford.（邦訳：徳永澄憲・松本保美・青山治城『アマルティア・セン講義―経済学と倫理学』ちくま学芸文庫.清成忠雄『中小企業読本』東洋経済新報社，1997年）

Simon, Herbert A. (1996) *The Sciences of The Artificial: Theird editon*.（邦訳：稲葉元吉・吉原英樹『システムの科学』パーソナルメディア，1999年）

Smith, Adam (1776) “An Inquiry into the Nature and Causes of the Wealth of Nations”

Taylor, F.W. (1911) *Principles of Scientific Management*.（上野陽一訳編『科学的管理法』産業能率大学出版部，昭和44年）

Ulrich, Karl T. (1995) “The role of product architecture in the manufacturing firm”, *Research Policy* Vol.24(3), pp.419-440.

Vernon, Raymond. (1966) ‘International Investment and Indernational Trade in The Product Cycle’, *Quarterly Journal of Economics* LXXX, No.2, May.

Vogel, Ezra F. (1979) *Japan as Number One: Lessons for America*, Harvard University Press.（邦訳：広中和歌子・木本彰子『ジャパン アズ ナンバーワン：アメリカへの教訓』TBSブリタニカ，1979年）

von Hippel, Eric. (2005) *Democratizing Innovation*, MIT Press.（邦訳：サイコム・インターナショナル<監訳>『民主化するイノベーション：メーカー主導からの脱皮』ファーストプレス，2006年）

阿部武司（2007）「近代経営の形成」宮本又朗・阿部武司・宇田川勝・沢井実・橘川武郎『日本経営史［新版］―江戸時代から21世紀へ』有斐閣，pp.85-167.

安室憲一（2009）「『内部化理論』の限界有効性」『立教ビジネスレビュー［第2号］』立教経営学会，pp.9-17.
新雅史（2012）『商店街はなぜほろびるのか』光文社新書.
安藤信雄（2004）『スタンダーディゼーションと企業間ネットワークに関する研究』明治大学大学院・政治経済学研究科.
安藤信雄（2016）「農村におけるアントレプレナー育成要因に関する分析モデルの考察」『中部学院大学・中部学院短期大学部研究紀要』中部学院大学総合研究センター，pp.41-51.
泉田成美・柳川隆（2008）『プラクティカル産業組織論』有斐閣.
井原久光（2008）『テキスト経営学［第3版］：基礎から最新の理論まで』ミネルヴァ書房.
今井賢一（1990）『情報ネットワーク社会の展開』筑摩書房.
今井賢一（2008）『創造的破壊とは何か—日本産業の再挑戦』東洋経済新報社.
岩崎博充（2020）「日本人は「失われた30年」の本質をわかってない：原因と責任を突き止め変えねば低迷はまだ続く」『東洋経済ONLINE』（2020/01/26）.
岩本晃一（2016）「ドイツ経済を支える強い中小企業『ミッテルシュタンド（Mittelstand）』」RIETI［コラム］.
https://www.rieti.go.jp/users/iwamoto-koichi/serial/013.html
植田浩史（2004）『現代日本の中小企業』岩波書店.
植田浩史（2010）「日本における下請制の形成—高度成長期を中心に」植田浩史・粂野博之・駒形哲哉［編］『日本中小企業研究の到達点：下請制，社会的分業構造，産業集積，東アジア化』同文館，pp.41-68.
植田浩史・桑原武志・本多哲夫・義永忠一・関智弘・田中幹大・林幸治（2014）『中小企業・ベンチャー企業論：グローバルと地域のはざまで［新版］』有斐閣.
宇沢弘文（1998）『経済に人間らしさを—社会的共通資本と協同セクター』かもがわ出版.
宇沢弘文（2000）『社会的共通資本』岩波書店.
宇宙開発協同組合SOHLA「まいど1号について」.
https://sohla.com/maido.html（アクセス日2020年6月5日）
越後修（2003）「内部化理論と戦略的提携論との両立の可能性」日本国際経済学会.
遠藤輝明（1982）「フランス・ディリジスムの源流—第三共和政の確立期におけるディリジスム」遠藤輝明［編］（1982）『国家と経済—フランス・ディリジスムの研究』東京大学出版会，pp.15-60.
大和正典（2001）「ヨーロッパの黄金時代における高成長の原因—その主要研究の概

観」『帝京国際文化』14号，帝京大学文学部国際文化学科，pp.21-58.
小田宏信・遠藤貴美子・山本俊一郎・山本匡毅（2014）「台東・墨田産業集積の伝統と革新」『経済地理学年報』第60巻，pp.204-214.
柿沼重志・東田慎平（2016）「自動車産業の現状と今後の課題—TPPが我が国自動車産業に与える影響等も踏まえて」『立法と調査』経済産業委員会調査室，2016.7.No.378.
河村則行（2009）「ポスト工業社会と不確実性—「生産の世界」論からの考察」『名古屋大学社會学論集』Vol.30，名古屋大学文学部社会学研究室，p.71-85.
橘川武郎（2007）「経済成長と日本型企業経営：高度成長から21世紀初頭までの企業経営」宮本又朗・阿部武司・宇田川勝・沢井実・橘川武郎『日本経営史［新版］—江戸時代から21世紀へ』有斐閣，pp.297-383.
清武英利（2015）「ソニーは、なぜ延々とリストラを続けるのか：「切り捨てSONY」で描きたかったこと」『東洋経済ONLINE』（2015/04/21）.
清成忠男（1997）『中小企業読本［第3版］』東洋経済新報社.
清成忠男・田中利見・港徹雄（1996）『中小企業論』有斐閣.
桑田耕太郎・田尾雅夫（2010）『組織論［補訂版］』有斐閣.
経済産業省『SDGs経営ガイド』（2019年5月31日）.
https://www.meti.go.jp/press/2019/05/20190531003/20190531003.html
五箇公一（2020）『これからの時代を生き抜くための生物学入門』辰巳出版.
斎藤孝（2015）「二重構造論の伊東＝有沢モデル—独占と格差」『東洋大学経済論集』第41巻第1号，pp.17-31.
佐竹隆幸（2008）「中小企業存立論—経営の課題と政策の行方」『MINERVA現代経営学叢書33』ミネルヴァ書房.
沢井実（2007）「戦前から戦後へ：企業経営の変容」宮本又朗・阿部武司・宇田川勝・沢井実・橘川武郎『日本経営史［新版］—江戸時代から21世紀へ』有斐閣，pp.227-295.
佐和隆光・植田和弘（2002）「市場システムと環境」『環境の経済理論［岩波講座］環境経済・政策学』第1巻，岩波書店，pp.39-64.
塩沢由典（1991）『大学講義ベンチャー・ビジネス論—経済発展と企業家精神』阿吽社.
柴田友厚・玄場公規・児玉文雄（2002）『製品アーキテクチャの進化論—システム複雑性と文壇による学習』白桃書房.
全国中小企業団体中央会（2019）『2019～2020 中小企業組合ガイドブック』
https://www.chuokai.or.jp/k-guide/guidebook2019-2020.pdfより入手可能（アク

セス日2020年7月23日).
田杉競（1967［昭和42年］)「適正規模理論の現実的接近」末松玄六・瀧澤菊太郎［編］『適正規模と中小企業―中小企業叢書X』有斐閣，pp.45-68.
立見淳哉（2007)「産業集積への制度論的アプローチ―イノベーティブ・ミリュー論と「生産の世界」論」『経済地理学年報』53，経済地理学会，p.43-67.
中小企業基盤整備機構（SMRJ)（2005)「2004年度 米国中小企業の実態と中小企業政策」.
中小企業庁（1984)『中小企業白書』.
中小企業庁（1985)『中小企業白書』.
中小企業庁（1986)『中小企業白書』.
中小企業庁（1996)『中小企業白書』.
中小企業庁（1998)『中小企業白書』.
中小企業庁（2006)『中小企業白書』.
中小企業庁（2015)『中小企業白書』.
寺西俊一（2012)「自然資源経済論の課題と射程―特集に寄せて」『一橋経済学』第5巻第2号，pp.87-96.
遠山恭司（2012)「国際競争下におけるイタリアの産業集積」『日本政策金融公庫論集』第14号，pp.65-88.
戸田順一郎（2004)「イノベーション・システム・アプローチとイノベーションの空間性」『經濟學研究』第70巻第6号，九州大学，pp.45-62.
富沢賢治（1987)「社会変革論」『労働と生活』世界書院，pp.79-162.
友澤和夫（2000)「生産システムから学習システムへ―1990年代の欧米における工業地理学の研究動向」『経済地理学年報』46（4)，経済地理学会，pp.323-336.
独立行政法人労働政策研究・研修機構『中小製造業（機械・金属関連産業）における人材育成・能力開発―製造業集積地域での取組み』JILPT資料シリーズ（No.109, 2012年3月）
内閣府（2016)『経済財政白書』.
内閣府・経済社会総合研究所（2011)『第1巻 日本経済の記録―第2次石油危機への対応からバブル崩壊まで』.
内閣府政策統括官（2016)『日本経済2016～2017―好循環の拡大に向けた展望』内閣府.
中村吉明（2002)『産業の空洞化は何が問題か?』RIETI（独立行政法人経済産業研究所）［コラム］.
https://www.rieti.go.jp/jp/columns/a01_0028.html

中村吉明・渋谷稔［著］，通商産業研究所［編］（1994）『空洞化現象とは何か』（研究シリーズ/通商産業省通商産業研究所［編］23）通商産業調査会.
長山宗広（2005）「地域産業活性化に関する諸理論の整理と再構築～地域における新産業創出のメカニズム～」地域調査月報17-1，信金中央金庫総合研究所.
長山宗広（2010）「地域におけるスピンオフ連鎖のメカニズム」植田浩史・粂野博之・駒形哲哉［編］『日本中小企業研究の到達点：下請制，社会的分業構造，産業集積，東アジア化』同文館，pp.125-165.
日本経営協会（2015）『経営学の基本』中央経済社.
日本商工会議所公式ホームページ
https://www.jcci.or.jp/about/jcci/index.htmlより（アクセス日2020年7月23日）.
日本貿易振興機構（ジェトロ）ニューヨーク事務所（2015）『米国の中小企業のための各種プログラム』日本貿易振興機構.
野口悠紀雄（1974）『情報の経済理論』東洋経済新報社.
野中郁次郎（2002）『企業進化論：情報創造マネジメント』日本経済新聞社.
野中郁次郎・竹内弘高，<翻訳>梅本勝博（1996）『知識創造企業』東洋経済新報社.
馬場康雄・岡沢憲芙［編］（1999）『イタリアの経済：「メイド・イン・イタリー」を生み出すもの』早稲田大学出版部.
藤本隆宏（2001）『生産マネジメント入門［I］』日本経済新聞社.
藤本隆宏・武石彰・青島矢一（2001）『ビジネス・アーキテクチャー―製品・組織・プロセスの戦略的設計』有斐閣.
藤原貞雄（1973）「プロダクト・サイクル論と対外直接投資―R.ヴァーノンの理論を中心に」『經濟論叢』第111巻第4号，pp.297-317，京都大学.
二神恭一（2008）『産業クラスターの経営学：メゾ・レベルの経営学への挑戦』中央経済社.
細谷昴（1998）『現代と日本農村社会学』東北大学出版.
間苧谷努（1995）「第3のイタリアの自律的経済発展と中小企業システム」『産業と経済』第9巻第2・3号1，pp.51-59，奈良産業大学.
松田修一監修・早稲田大学アントレプレヌール研究会編（2000）『ベンチャー企業の経営と支援［新版］』日本経済新聞社.
松原宏（2007）「知識の空間的流動と地域的イノベーション」『東京大学人文地理学研究』No.18，東京大学人文地理学教室，pp.22-43.
水越豊（2003）『BCG戦略コンセプト―競争優位の原理』ダイヤモンド社.
みずほ銀行産業調査部（2013）「特集：日本産業の競争力強化に向けて―日本が輝きを取り戻すための処方箋を考える」『みずほ産業調査』Vol.42，No.2.

三井逸友（1991）『現代経済と中小企業―理論・構造・実態・政策』青木書店.
三井逸友（2004）「地域イノベーションシステムと地域経済復活の道」『信金中金月報』3（3），信用中央金庫，pp.2-25.
宮川努（2018）『生産性とは何か―日本経済の活力を問いなおす』（Kindle版）筑摩書房.
宮本憲一（2006）『持続可能な社会に向かって：公害は終わっていない』岩波書店.
百瀬恵夫（1969）（昭和43年）『日本的風土における中小企業論』白桃書房.
森川英正（1981）『日本経営史』日本経済新聞社.
安田聡子（2010）「個人を分析単位とするイノベーションおよびアントレプレナー研究の台頭：スター・サイエンティスト，社会起業家から戦略的アントレプレナーシップまで」『商学論究』57（4），関西学院大学商学研究会，pp.101-124.
柳孝一・長谷川博和（2005）『ベンチャーマネジメント［事業創造］入門』日本経済新聞社.
八幡一秀（2002）「イタリアの中小企業政策と産地比較―地域自治体の支援政策を中心に」『経済科学研究所紀要』第32号，pp.265-279.，日本大学経済学部経済科学研究所.
山口隆之（2010）「フランス産業政策と中小企業」『經營學論集 第81集 新たな経営原理の探求』日本経営学会，pp.162-163.
山本健兒（2004）「「イノヴェーティヴ・ミリュー」概念の再検討」『経済志林』法政大学，pp.1-32.
吉田敬一・長山利和・森本隆男［編］（1999）『産業構造転換と中小企業―空洞化時代への対応［叢書 原題経営学5］』ミネルヴァ書房.
吉田民人（1990）『情報と自己組織性の理論』東京大学出版会.
義永忠一（2014）「集積・ネットワークを活かす中小企業」植田浩史・桑原武志・本多哲夫・義永忠一・関智弘・田中幹大・林幸治（2014）『中小企業・ベンチャー企業論：グローバルと地域のはざまで［新版］』有斐閣，pp.152-170..
渡辺幸男（1997）『日本機械工業の社会的分業構造』有斐閣.
渡辺俊三（2010）『イギリスの中小企業政策―保守党と労働党の中小企業政策の変遷』同友館.
和田聡子（2020）「フランス産業政策の再検討と政策的課題」『地域と社会』22号，大阪商業大学比較地域研究所，pp.39-64.

あとがき

私事で恐縮だが，白血病により長期入院し非日常的な生活と向き合うことを余儀なくされ，一時は死をも意識する時期もあった。社会では新型コロナウイルスのパンデミックで新しい日常について議論されていた。環境問題とパンデミックの報道を見ながら，病室内でじっくりと大学における教育とは何か，研究とは何かについて考えてみる時間に恵まれた。

大学教員の職務は教育と研究であるといわれるようになって久しい。ヴィブレンは，大学の本質的役割は真理の探究であり，それは利潤動機とは独立した知識の探究にあると説いた。宇沢はそれを大学の第一機能であり，その本質は「職人気質」による製作本能であるとし，第二の機能として学生の教育があり，それは副次的なものに過ぎないという。そして第一の機能が大学の他の教育機関と本質的な違いを持たせていると指摘している。

だが大学も資本主義の原理の下で運営されていれば，程度の差こそあれ一般企業と同様に行政的業務命令と利潤追求の圧力にさらされることになる。今世界の大学に共通する問題意識は，現実からの圧力の下でいかに独創的で自由な研究を維持していくのかということだと宇沢は嘆く。

パンデミックが教えていることは，大学の第一の機能の重要性であろう。平穏な時代には，既存の知識で日常生活を送ることができる。だが過去の知識と経験が通用しない危機的状況では，既存の知識をアップグレードせずには危機を乗り切ることはできない。そのとき多くの場合，創造的破壊（Creative destruction）による新たな生活様式が生み出される。この様な事態に立ち向かえる人材の育成こそが大学教育の本質であろう。

よって私は，第一の機能と競争の圧力との間で大学の社会的評価を決めるのは，自由で独創的な研究を平時の時点から進めていることにあると考える。結論をいえば，大学での教育とは研究のためにあるということだ。知識の更新と創造的破壊として真理の探究を絶え間なく研究し続けること，そしてその研究の進展と継続は，研究活動を将来担える人材育成を必要とするので，そのために教育があるということだ。結果としてイノベーションを担える人材は企業や社会でも求められることになる。

また価値観の本質的転換も迫られている。温暖化と異常気象等の環境問題は，これからの企業経営の中心課題となるだろう。この課題と矛盾した経済成長や生産性の概念は既存の経済学・経営学の理論の根底にあった。それは暗黙裡に研究の前提とされてきた。これは大学が平時から既存の概念への批判的精神を養ってこられなかったことの証でもある。経済成長も生産性も本来の目的である人間の幸福追求の手段でしかなかったはずだ。ところが今や経済成長と生産性が目的化され，そのために多くの人が鬱病を発症し，過労死・自殺へ至っていることに疑問を持たなければならない。本書はそのような思いを抱きながら執筆した。

出版にあたって恩師である百瀬恵夫先生をはじめ，大学院時代の先輩である明治大学の森下正さん，彼の院生だった阪南大学の竜浩一さんには本書の出版を応援していただき，そのおかげで出版にこぎつけることができた。心から感謝を申し上げたい。また妻の恵子には校正の一部を手掛けながら闘病生活を支えてくれたことに感謝する。

窓辺から雪景色の伊吹山を眺めながら。

2021年1月29日

安藤　信雄

索　引

さ行

た行

な行

は行

ま行

や行

ら行

【著者略歴】

安藤 信雄（あんどう のぶお）

中部学院大学スポーツ健康科学部教授　博士（経済学）

1959年生まれ。明治大学政治経済学部卒，明治大学大学院政治経済学研究科経済学専攻（博士後期課程）修了。星稜女子短期大学准教授，中部学院大学経営学部教授を経て2020年より現職

その間，富山大学非常勤講師，金沢星稜大学非常勤講師，岐阜経済大学（現・岐阜協立大学）および大学院非常勤講師を兼任。

学会活動として日本協同組合学会理事，日本中小企業学会会員，日本経営学会会員，経営情報学会会員，組織学会会員，実践経営学会会員，日本体育・スポーツ経営学会会員。

地域活動としてコープぎふ理事，地域と協同の研究センター理事，岐阜県各務原市まちづくり活動助成金審査委員（座長），岐阜県岐阜市中央卸売市場取引委員会（座長），岐阜県可児市まちづくり助成事業審査委員を歴任。

主　著：
『中小企業論新講』白桃書房（共著：百瀬恵夫［編］）2000年
『観光と地域再生』海文堂出版（共著：大藪多可氏［編］）2010年
『現代スポーツマネジメント論』三恵社（共著：大野貴司［編］）2020年
翻訳書：
『ハンドブック組織ディスコース研究』同文館出版（共訳：高橋正泰［訳編］）2012年

2021年3月30日　初版第1刷発行
2023年3月15日　初版第2刷発行

多様性と持続可能性の視点で考える中小企業論

©著　者　安藤信雄

発行者　脇坂康弘

発行所　株式会社 同友館

〒113-0033 東京都文京区本郷3-38-1
TEL.03(3813)3966
FAX.03(3818)2774
https://www.doyukan.co.jp/

落丁・乱丁本はお取り替えいたします。　三美印刷／松村製本所

ISBN 978-4-496-05532-4　Printed in Japan

本書の内容を無断で複写・複製（コピー），引用することは，
特定の場合を除き，著作者・出版者の権利侵害となります。